Traduit par A· J Bruwind

EXPOSÉ DES MOTIFS

QUI ONT ENGAGÉ EN 1808,

S. M. C. FERDINAND VII,

A SE RENDRE A BAYONNE.

ESCOIQUIZ.

Mme Soyer sc.

EXPOSÉ DES MOTIFS

QUI ONT ENGAGÉ EN 1808,

S. M. C. FERDINAND VII,

A SE RENDRE A BAYONNE;

PRÉSENTÉ A L'ESPAGNE ET A L'EUROPE

PAR D. JUAN ESCOIQUIZ,

CONSEILLER-D'ÉTAT, COMMANDEUR DE L'ORDRE DE CHARLES III, etc.

TRADUIT LIBREMENT DE L'ESPAGNOL EN FRANÇAIS,

Augmenté de Notices historiques sur D. Juan Escoiquiz, ainsi que sur plusieurs Ministres et grands Seigneurs espagnols, et où l'on trouvera des pièces authentiques concernant le massacre de Madrid.

ORNÉ DU PORTRAIT DE L'AUTEUR.

A PARIS,

CHEZ L. G. MICHAUD, IMPRIMEUR DU ROI,

RUE DES BONS-ENFANTS, N°. 34.

M. DCCC XVI.

AVERTISSEMENT
DE L'ÉDITEUR.

D. Juan Escoiquiz est connu comme littérateur et comme diplomate. Son premier ouvrage politique, dont nous publions une traduction nouvelle, eut un grand succès dans sa patrie. Il donna la plus haute idée de la finesse des pensées et de la profondeur des vues de l'auteur. On admira surtout le récit de la conversation qu'il eut avec Napoléon au château de Marac; récit qui peut donner une idée juste de la politique de Buonaparte et de la manière dont il traitait les affaires de la plus haute importance.

Nous connaissons deux traductions de l'ouvrage de D. Juan Escoiquiz : l'une a été publiée, en 1814, à Toulouse, par M. de Carnerero, Espagnol réfugié; l'autre a paru à Bourges dans la même année, sous le nom du docteur Raynal.

M. de Carnerero a eu le tort très grave de s'écarter souvent du texte, pour substituer ses réflexions à celles de l'auteur original. Il a omis plusieurs passages intéressants, surtout dans le Ve. Chapitre, consacré, en grande partie, à justifier le prince et la princesse de Bénévent, qu'un prédicateur espagnol, le père Ostolaza, s'était permis de signaler, du haut de la chaire de vérité, comme des HÉRÉTIQUES et des DÉBAUCHÉS, *amis des biens de ce monde, et ennemis de Dieu, ainsi que de leurs princes légitimes.*

La lettre qui suit la traduction de M. de Carnerero, les notes qu'il a placées au Chapitre V, prouvent qu'il pensa moins à faire connaître en France l'ouvrage de D. Juan Escoiquiz, qu'à flatter cet homme puissant dont il réclamait la protection pour rentrer dans sa patrie.

La traduction du docteur Raynal, moins inexacte, il est vrai, que la précédente, mérite le reproche d'être aussi trop consacrée au panégyrique de celui dont on réclamait moins l'éloge qu'on ne désirait l'ouvrage. En s'attachant souvent à rendre minutieusement certains mots étrangers, le docteur Raynal a fini par ne plus écrire en français. Calque infidèle, sa traduction ne donne pas une idée juste du style piquant de D. Juan Escoiquiz, dont il n'éclaircit d'ailleurs les récits par aucune note historique.

M. de Pradt vient, par la publication de ses *Mémoires historiques sur la révolution d'Espagne*, d'appeler encore l'attention sur le ministre espagnol, en rapportant sa conversation avec Buonaparte. Émule de D. Juan Escoiquiz; prêtre, littérateur et diplomate comme lui, M. de Pradt aurait pu lui rendre facilement justice; il en est arrivé tout autrement. Le négociateur de Buonaparte s'est vengé de n'avoir pas aussi bien calculé que le précepteur de Ferdinand VII, en l'accusant d'avoir conseillé le voyage de Bayonne, et en signalant les prétendues inexactitudes commises dans son Exposé.

Nous aurons occasion, en traduisant l'ouvrage de D. Juan Escoiquiz, de combattre les allégations de M. de Pradt : nous signalerons les erreurs, les omissions et les fautes de ses Mémoires composés généralement, cependant, des emprunts nombreux qu'il a faits, soit à des ouvrages estimables, tels que les Mémoires peu connus publiés par Llorente, sous l'anagramme de son nom (1); l'Apologie d'Azanza et d'O-farrill; l'Exposé de Cevallos; soit même à des romans, tels que la brochure de M. de Rocca, sur la guerre de la péninsule.

Dans cet état de choses, nous avons pensé qu'une traduction exacte de l'ouvrage de D. Juan Escoiquiz, augmentée de notices historiques et éclaircie par des observations critiques, serait bien accueillie.

On aime à connaître la vie de ceux qui jouent un grand rôle sur la scène du monde. Cela nous a déterminé à publier ce que nous avons recueilli de positif concernant

---

(1) *Nellerto*, mot que M. de Pradt a pris pour le nom de l'auteur.

D. Juan Escoiquiz et les principaux personnages qui figurèrent à la junte suprême
de gouvernement établie à Madrid, à la
junte de Bayonne et dans la négociation
dont la délivrance des petits-fils de Louis
XIV fut la suite.

Nous le répétons: donner une idée juste
de l'ouvrage espagnol de D. Juan Escoiquiz,
rattacher aux événements qu'il a décrits des
faits historiques d'un intérêt général, signaler
les erreurs commises à cet égard, tel a été
notre but; on jugera si nous l'avons atteint.

Notice sur don Juan Escoiquiz.

Don Juan Escoiquiz est né en 1762
environ, dans la province de Navarre. Son
père, ancien noble et général au service
d'Espagne, fut gouverneur d'Oran. L'a-
mour qu'il avait pour les lettres allait jusqu'à l'idolâtrie, et l'on conserve encore,
comme des monuments curieux d'un esprit
vraiment original, plusieurs de ses décisions
et de ses apostilles écrites en vers, sur les
demandes qui lui étaient soumises.

D. Juan fut envoyé, jeune encore, à Madrid, et reçu dans les pages de Charles III. Il se fit remarquer par son grand amour pour l'étude des sciences exactes, par son esprit observateur, et surtout par la sagesse de ses goûts.

Les pages des rois d'Espagne ont à choisir, après un certain temps de service, entre un brevet de capitaine, et l'ordre d'investiture d'un canonicat. Don Juan choisit le canonicat, et entra au chapitre de Saragosse, l'un des plus distingués de l'Espagne.

Tout le temps qu'il ne consacrait pas aux exercices de piété était rempli par l'étude; et lorsqu'on songea à donner un précepteur à Ferdinand VII, alors prince des Asturies, on jeta les yeux sur le savant chanoine, qui ne se montra point au-dessous des importants devoirs dont il se chargea avec le dévouement le plus honorable.

Sa douceur, le charme qu'il sut répandre sur ses leçons, lui gagnèrent l'amitié de son auguste élève, pour lequel il conçut à son tour un attachement vraiment paternel.

Tout en ouvrant au prince les trésors certains des connaissances humaines, il élevait son cœur, le formait au grand art de commander, en lui donnant une juste idée de ses droits.

D. Manuel Godoy, favori du roi et de la reine d'Espagne, et dont l'ambition croissait avec les faveurs de ses maîtres, voulait obtenir de tous, les égards que les hommes forts n'accordent qu'au mérite réel et à des dignités légitimement acquises, comme prix de services rendus à l'état. Le prince, éclairé sur sa conduite, repoussait ses prévenances par des manières pleines de grandeur et de noblesse, qui ne laissaient aucune espérance de le maîtriser en s'emparant de sa confiance. Cette conduite fut justement attribuée aux leçons du précepteur de S. A.; on l'en punit en l'exilant à Tolède.

Le prince sentait trop combien il lui était important de conserver des relations avec un homme dont son ennemi redoutait autant l'influence. Une correspon-

dance secrète et régulière servit bientôt
à lui apporter, dans les circonstances importantes, des conseils et des consola-
tions.

L'Espagne, indignée contre D. Manuel Godoy, avait tout à lui reprocher, excepté quelques catastrophes sanglantes.
Déréglements de mœurs, scandale public, orgueil insultant, prodigalités aux
dépens du trésor royal, tout se réunissait
pour exaspérer la nation et préparer une
de ces grandes commotions politiques
qui ébranlent les trônes, si elles ne les
renversent point.

D. Juan n'abandonna pas le prince
dont on craignait devoir anéantir les droits.
Il composa divers Mémoires destinés à
dessiller les yeux de Charles IV et de la
reine son épouse. Les souverains, entraînés
par les conseils de D. Em. Godoy, consi-
dérèrent les avis de la sagesse comme des
actes de révolte, et le célèbre procès de l'Escurial eut lieu : les déclarations courageuses
de D. Juan firent trembler le favori ambi-

tieux, qui se hâta de faire ordonner la détention de l'Infant.

Mais le pouvoir créé par l'intrigue et soutenu par la faiblesse ne fut pas de longue durée. Les événements d'Aranjuez arrivèrent : le peuple de Madrid, réuni à des troupes régulières, fit tomber l'homme du hasard, et voulut que la justice prononçât sur celui qui avait violé les droits les plus sacrés. Ferdinand VII fut appelé au trône, et D. Juan devint conseiller d'état.

A peine investi du pouvoir suprême, Ferdinand VII se trouva dans une des positions les plus difficiles que l'histoire puisse retracer.

Les finances étaient épuisées, l'armée mal organisée, et les meilleures troupes éloignées du royaume. Les Français, maîtres du Portugal, des places fortes de l'Espagne, et des positions militaires qui environnent la capitale, oubliant tous leurs devoirs comme alliés, commençaient à parler en ennemis. Les créatures de Godoy les provoquaient; et, sous le prétexte de connaître les causes de l'abdication de Charles IV, on réclamait le favori, qui pensait ressaisir bientôt l'autorité.

D. Juan Escoiquiz, tremblant sur ce que l'avenir préparait à son souverain, crut qu'il serait utile de se rapprocher de la France, et de s'occuper d'un projet antérieur d'unir le prince des Asturies à une sœur de Buonaparte, dont on avait tout à craindre et tout à espérer. Celui-ci se déclarait médiateur dans une querelle qu'il excitait sourdement entre le père et le fils. On crut qu'en flattant son orgueil, en allant noblement à sa rencontre, on éveillerait dans son cœur le sentiment de sa propre gloire; et le prince qui pouvait être enlevé dans ses états, mis à mort dans un massacre tel que celui de Madrid; partit pour la France d'après les avis de son conseil d'état, et suivi de D. Juan dont la sagesse lui devenait de plus en plus nécessaire.

Ce dernier, arrivé à Bayonne, fut apprécié par Napoléon, qui chercha à le ga-

gner, et qui, ne pouvant y parvenir, lui
accorda, malgré qu'il s'opposât à ses projets; des témoignages d'estime dont il
n'était pas prodigue.

Tout en cédant forcément aux circonstances, Escoiquiz saisissait avidement, et
avec cette finesse de tact qui le distingue
spécialement, toutes les occasions de servir
son prince. Conservateur jaloux de son
honneur, il demanda hautement, un jour
qu'il le crut compromis, une réparation
que Napoléon ordonna à M. de Pradt
de lui faire en son nom. Il fallut cependant céder à la force : la menace de la
mort arracha à Ferdinand VII et aux
Infants les renonciations de Bayonne et la
ratification de Bordeaux. Valençai fut le
lieu de leur exil.

D. Juan Escoiquiz devait être éprouvé
par un nouveau malheur d'autant plus sen-
sible pour lui que l'auteur était son parent.

Juan Gualberto Amezaga se présenta à
Valençai; trompa tous les Espagnols par
un feint dévouement à ses maîtres, ob-

tint la charge de grand écuyer du Roi, et abusa de ses pouvoirs pour trahir les princes.

Il s'entendit avec la police de France pour faire éloigner tous ses compatriotes. Le duc de San-Carlos fut bientôt envoyé en surveillance à Lons-le-Saulnier, et D. Juan Escoiquiz eut ordre de se rendre à Bourges où il déploya le plus beau caractère.

Prodigue envers les malheureux, il employait la plus grande partie de ce qu'il possédait à habiller les militaires espagnols, prisonniers de guerre, qui se trouvaient sous ses yeux, et à secourir des Français sans fortune. Lorsqu'il eut à peu près épuisé ses principales ressources, la campagne devint son asile ; et si sa bienfaisance fut restreinte, elle n'en devint que plus active. C'est ainsi qu'il se conduisait après la diminution proportionnelle opérée sur sa pension, lorsque Napoléon eut réduit aux deux cinquièmes celle des princes d'Espagne.

Ses vertus obtinrent bientôt la plus

douce récompense. La coalition de 1814
fit changer les dispositions de Buonaparte à
l'égard de Ferdinand VII et des Infants.
On proposa au Roi, pour prix de sa liberté,
un traité dont il ne voulut pas s'occuper
avant d'être réuni à ses plus fidèles sujets. D.
Juan Escoiquiz et le duc de San-Carlos se
rendirent alors à Valençai, où M. de la
Forest était déjà sous le nom de M. *Dubosque*. Bientôt les princes purent retourner dans leur patrie, où D. J. Escoiquiz rentra glorieusement, ayant pris la
plus grande part aux négociations qui amenèrent cet heureux résultat. On trouvera
dans l'ouvrage suivant les détails de sa vie
politique dans tout ce qui a rapport au
voyage de Ferdinand VII à Bayonne, et à
la captivité de Valençai. D. Juan Escoiquiz
est auteur des ouvrages suivants :

Les Nuits d'Young, traduites en vers
espagnols, 2 vol. in-8°., Madrid, 1797.

Mexico conquise, poëme épique écrit
en espagnol, 1 vol. in-8°., Madrid, 1802.

Le Paradis perdu de Milton, avec les

notes d'Adisson, traduit en vers espagnols, 3 vol. in-8°. avec fig., Bourges, 1812.

On connaît encore de lui :

1°. *Réfutation d'un Mémoire contre l'Inquisition ;*

2°. *M. Botte*, roman de Pigault-Lebrun, traduit en espagnol avec des corrections ;

3°. Un autre roman.

EXPOSÉ DES MOTIFS

QUI ONT ENGAGÉ EN 1808,

S. M. C. FERDINAND VII

A SE RENDRE A BAYONNE.

AVANT-PROPOS.

JE suis Espagnol, je me dois de conserver le noble caractère de ma nation, dont l'antique gloire, parée de nouveaux lauriers, est célébrée dans l'univers.

J'étais captif en France, où je fus retenu pendant six ans, lorsque j'appris que, sans cependant m'accuser de trahison, le plus ignorant ne l'eût osé ; il se répandait vaguement qu'on devait attribuer à mon impéritie, ainsi qu'à celle des conseillers-d'état, mes collégues, le voyage que S. M. fit à Bayonne, dans le mois d'avril 1808.

Bientôt ces bruits, qui ne particularisaient aucun fait, diminuèrent ; on commençait à connaître les détails du voyage.

2..

D. Pedro Cevallos et le duc de l'Infantado, qui s'étaient trouvés placés dans une position pareille à la mienne, regagnèrent la confiance de la nation, et obtinrent des emplois importants pendant la guerre. Mais quelques personnes, isolant mal-à-propos ma cause et celle du duc de San-Carlos, persistèrent à nous accuser de faiblesse et d'imprudence.

Je ne pus en être étonné. Qui ne connaît la justesse de cet axiome vulgaire: *les absents ont toujours tort?* Comment en effet se défendre d'inculpations dont le détail est inconnu? D'ailleurs, les coaccusés présents, quelque délicatesse qu'ils emploient dans leur défense, sont assez souvent justifiés au préjudice des absents.

Les hommes jugent généralement de la sagesse de ceux qui les gouvernent par les suites heureuses ou malheureuses de leurs conceptions. Les ignorants conservent leurs préventions; et si parmi plusieurs personnes accusées, quelques-unes se trouvent en position de se justifier, il reste, quoique la cause soit nécessairement commune, de vagues soupçons sur celles qui n'ont point encore été entendues.

Il arrive souvent aussi que le temps manque pour détromper ceux dont l'opinion est égarée, et s'ils finissent toujours par être moins prévenus, les réputations qu'ils avaient crues justement attaquées, ne restent point sans taches à leurs yeux.

C'est un devoir pour tout homme pur de défendre son honneur, particulièrement en ce qui concerne sa conduite politique, et personne ne s'étonnera que je consacre les premiers instants de ma liberté à ma justification, à celle de tous ceux que S. M. daigna consulter sur son voyage.

Pendant mon séjour en France, les journalistes espagnols m'ont attaqué, ainsi que les personnes de la suite de S. M. Ils se sont empressés de publier des détails inexacts concernant ce qui s'est passé à Bayonne et à Valençai. Ils voulaient nuire. L'un d'eux, qui m'est inconnu, a feint d'être mon apologiste, pour mieux me desservir, et a porté l'audace jusqu'à publier, sous mon nom, un ouvrage que je désavoue.

Je ne suis point l'auteur de *La peinture des sentiments d'amour et de peine de S. M. Ferdinand VII, confiés à D. Escoïquiz, son gouverneur et directeur,* etc., imprimé à Madrid avec permission; cet écrit est rempli de fautes sous le rapport du style et de la composition.

Je déclare que j'écris pour la première fois sur la révolution d'Espagne.

Je diviserai mon récit en six chapitres, afin de mettre l'ordre convenable dans des matières aussi délicates et aussi intéressantes.

CHAPITRE Ier.

Renseignements que le Roi, son conseil privé, et moi particulièrement, avions sur les desseins de l'empereur des Français, depuis l'époque de mon arrivée à Madrid, jusqu'au 10 avril, jour où S. M. partit de sa capitale pour se rendre à Burgos.

Je ne parlerai point des premières années de D. Manuel Godoy (1), prince de la Paix,

(1) Godoy (D. Manuel), né à Badajoz en septembre 1764, d'une famille pauvre, mais noble, dut, à son talent pour chanter et jouer de la guitare, son admission dans les gardes-du-corps du roi d'Espagne, ainsi que la faveur du monarque et de la reine son épouse. Simple garde en 1784, il parvint bientôt au conseil du roi; fit exiler le ministre comte d'Aranda; obtint, le 15 décembre 1792, le titre de premier secrétaire-d'état, et peu après celui de premier ministre et de duc de la Acudia. A la fin de la guerre contre la république française, il fut créé prince de la Paix, grand d'Espagne de première classe, et reçut le domaine *del Soto de Roma*, dont le revenu est estimé 6,000

source des malheurs affreux qui ont accablé l'Espagne. Je m'attacherai à l'instant où, saisi en quelque sorte de la puissance suprême, il fit redouter aux Espagnols, principalement au

---

piastres fortes. Il obtint, peu après, l'ordre de la Toison d'or, et le roi consentit à son mariage avec doña Marie-Thérèse de Bourbon, sa nièce; un généalogiste prouva alors que D. Manuel Godoy descendait de Montézuma: il quitta le ministère en 1798. En 1800, Charles III le nomma général de l'armée de Portugal; et, après une campagne de deux mois, il lui conféra la dignité de grand amiral de Castille.

D'abord ami des Anglais, Godoy s'"était attaché ensuite à la France. En 1797, il avait publié une lettre au pape : il lui reprochait d'avoir rompu l'armistice *avec la république, et l'exhortait à se détacher des biens de ce monde.* Il tenta infructueusement de renverser l'inquisition; mais il sauva D. Ramon de Salas, et un garde-du-corps, accusés d'athéisme.

Lié intimement avec les ambassadeurs Pérignon et Lucien, il entretint des intelligences avec Napoléon, contre lequel il fit cependant une proclamation lors de la campagne de Prusse. D. Manuel Godoy était piqué de ce qu'on ne lui avait pas assuré des possessions immenses en Portugal. Vainqueur à Jéna, Buonaparte obtint des satisfactions du prince de la Paix, qui lui envoya à cet effet, comme ambassadeur, le duc de Frias. Le chef du gouvernement français fit cependant entrer de nombreuses troupes en Espagne, et D. Manuel effrayé, résolut de fuir en Amérique avec la famille royale. La révolution d'Aranjuez empêcha l'exécution de ce projet. Ferdinand, proclamé roi, ordonna de faire le procès au prince de la Paix; mais ce dernier, réclamé par Murat au nom de Napoléon, se réunit à

prince des Asturies , qu'il ne songeât à monter sur un trône que son insatiable ambition paraissait attendre. C'est alors que S. A. , privée de tout appui , me confia le soin de prévenir cet attentat , et m'adressa d'Aranjuez , dans les premiers jours du mois de mars 1807, une lettre qui me parvint par les moyens secrets employés depuis deux ans , pour que le prince me confiât sûrement ses peines et reçût mes conseils.

Je me rendis sans retard à Madrid. Les déclarations que je fis lors du célèbre procès de l'Escurial, contiennent le récit des démarches dont je m'occupai.

L'une d'elles avait eu pour objet le mariage du prince des Asturies avec une princesse du sang de Napoléon. Je conférai à ce sujet avec l'ambassadeur de France, comte de Beauharnais (1), par l'intermédiaire duquel S. A. avait

Charles IV et à la reine , qu'il suivit à Marseille, et ensuite à Rome, où il était encore au commencement de 1816.

D. Manuel Godoy a deux fils naturels et une fille légitime. Ses maîtresses les plus remarquables furent Doña Pépa Tudo , fille d'un ancien militaire, intendant du *Bueno Retiro*, et la sœur d'un capitaine de frégate. Cette dernière, mariée à un oncle de Godoy, nommé maréchal-de-camp, mourut à dix-sept ans.

(1) Beauharnais (François, marquis de), beau-frère de Joséphine, s'est fait remarquer, en 1789, aux états-généraux,

reçu de la part de l'empereur, quelques propositions secrètes.

Les conférences que j'eus avec cet ambassadeur, me portent à croire qu'il pensait que son

---

où il prouva le plus grand dévouement au Roi, dont on attaquait le pouvoir. Après la dissolution de l'assemblée, il fit imprimer une brochure sur la conduite qu'il avait tenue, et les principes politiques qui le dirigeraient toujours. Il sortit de France avec les Princes; fut major-général de l'armée de Condé. Lors de l'attaque de Valenciennes, il demanda par écrit, au prince de Cobourg, l'autorisation de monter le premier à l'assaut, et d'arborer l'étendard de France sur les remparts; la réponse du prince est connue. A l'époque du procès de Louis XVI, il parut dans les journaux une lettre au président de l'assemblée constituante, par laquelle il demandait d'être admis au nombre des défenseurs du Roi : il se proposa pour otage de la famille royale.

Après la dislocation de l'armée des Princes, cinq cents gentilshommes le choisirent pour les conduire dans la Vendée; mais Monsieur, aujourd'hui Roi de France, ne put obtenir des puissances un passage pour cette troupe fidèle.

Lorsque Buonaparte eut épousé la veuve du frère de M. de Beauharnais et fut premier consul, M. de Beauharnais lui écrivit pour l'engager à rétablir les Bourbons sur le trône. Cette lettre ne lui gagna pas les bonnes grâces de Napoléon, qui, cependant, lorsqu'il fut empereur, autorisa Joséphine à l'appeler auprès d'elle. En 1805, il fut nommé ambassadeur près la reine d'Étrurie, et on l'envoya ensuite avec la même qualité à la cour d'Espagne.

Rappelé en France, il fut exilé en Sologne. Ferdinand VII

gouvernement était de bonne foi. J'agis toujours, à son égard, avec la plus grande prudence, et je vérifiais, autant qu'il dépendait de
moi, la sincérité de ses allégations (1).

J'étais convaincu de leur probabilité et par
mes réflexions et par l'opinion générale en Espagne, que Napoléon voulait engager le roi
Charles à accorder sa confiance à son fils Ferdinand et éloigner la reine des affaires en ôtant
tout pouvoir au prince de la Paix qui exerçait
la plus pernicieuse influence. L'empereur res-
serrait ainsi son alliance avec l'Espagne, s'opposait à l'agrandissement de la puissance de
l'Angleterre, éternelle ennemie de la France(2),
et se vengeait de D. Manuel Godoy, qu'il considérait justement comme auteur d'un proclamation hardie et faite à contre-temps peu avant
la bataille d'Jéna.

Les bruits qui circulaient à cette occasion
se confirmaient journellement par mes obser-

---

lui a fait adresser, par le duc de San-Carlos, une lettre flat-
teuse sur sa conduite à Madrid.

(1) Chacun les croyait sincères. (*Note de l'Auteur.*)

(2) Lorsque je parle des vues politiques de la nation anglaise, je me sers du langage du cabinet de Napoléon, dont on
croira facilement que je ne partageais pas les opinions. (*Note
de l'Auteur.*)

vations et par les rapports qui m'étaient faits. Les ouvertures du gouvernement français devaient être sincères ; le résultat de son système devenait ainsi avantageux à ses intérêts réels. Il éloignait un ennemi prononcé , donnait une grande influence sur un roi déjà ami , sur son héritier dévoué par reconnaissance , et sur les sentiments duquel on devait d'autant plus compter qu'ils auraient été la suite d'une réconciliation de la plus haute importance.

La nation espagnole et moi, fondions ainsi notre confiance sur la bonne foi du gouvernement français. L'inimitié de l'ambassadeur Beauharnais contre le prince de la Paix, ses démarches en faveur du prince des Asturies et de toutes les personnes impliquées dans le procès de l'Escurial , vinrent encore l'augmenter, et elle s'accrut jusqu'à l'époque de l'abdication de Charles IV.

Après la révolution d'Aranjuez, Ferdinand VII, environné de la garnison de Madrid et des ministres de l'ancien Roi, céda au desir du peuple de sa capitale, et s'y rendit, quoique le grand-duc de Berg y parût après avoir fait prendre, aux armées françaises qu'il commandait, des positions militaires dans les environs. Le Roi ne concevant aucun soupçon, tomba

innocemment dans le piége qui lui était tendu;
il éloigna même une partie de ses troupes.

Je ne répondrais pas que si je me fusse trouvé auprès du Roi, j'aurais reconnu le danger
et su le faire éviter par un sage conseil; mais
j'habitais au Tardon, lieu de mon exil.

Je n'arrivai à Madrid que le 28 mars. L'armée
française environnait alors S. M. Sous le prétexte absurde de n'employer qu'un courrier
pour porter les dépêches à M. d'Azanza (1), et me

---

(1) Azanza (D. Joseph-Miguel), né à Aoit en Navarre en
1746, fit, jeune encore, un voyage dans les diverses provinces
de l'Amérique espagnole, et entra dans la carrière militaire à
son retour en Europe. Après s'être distingué au siége de Gibraltar, il fut envoyé par la cour de Madrid, en qualité de
chargé d'affaires, à Saint-Pétersbourg et à Berlin. Ces missions
remplies, on le nomma intendant des provinces de Toro et de
Salamanque, et corrégidor de leur arrondissement. Il fut, ensuite, intendant des armées à Valence et à Murcie; fit la campagne de Roussillon en 1795; obtint le titre de conseiller de
la guerre; et, peu après, le ministère de la guerre. Charles IV
le nomma vice-roi, gouverneur, capitaine-général et président de l'audience royale de Mexico. En 1799, il siégea au conseil d'état; et, en 1808, Ferdinand VII lui confia le ministère
des finances. Lors du départ de Ferdinand pour Burgos, Azanza
devint membre de la junte suprême de gouvernement, sous la pré-
sidence de l'infant D. Antonio. Dans les rapports qu'il eut en cette
qualité, avec Murat, qui occupait militairement Madrid, il dé-

les remettre ensuite, l'expédition de mon rap-
pel fut suspendue quatre jours par le marquis
Cavallero (1), ministre de la justice. On retar-

---

ploya beaucoup de sagesse et une grande fermeté de caractère.
Il se rendit ensuite à Bayonne, et présida la junte qu'y s'y for-
ma. Le 18 juin, cette junte fut présentée à Napoléon, et Azanza
le harangua. Il avait été nommé ministre des Indes, le 4 juillet
1808. Ministre de la justice sous le roi Joseph, il obtint, en
octobre 1809, le grand cordon de l'ordre royal d'Espagne, et
fut nommé commissaire royal pour le royaume de Grenade, en
octobre 1810, au moment du départ du Roi pour Cordoue.
Il fut envoyé à Paris à la même époque par Joseph, avec
le titre d'ambassadeur extraordinaire, pour féliciter Napoléon
sur son mariage avec Marie-Louise; Azanza avait alors le
titre de duc de Santafé. Il a publié à Cadix, dans le mois de
mars 1815, de concert avec son ancien collègue O-Farrill, une
apologie de sa conduite politique, intitulée : *Mémoire de
D. Miguel de Azanza et de D. Gonzalo O-Farrill, et
exposé des faits qui justifient leur conduite politique depuis
mars 1808 jusqu'en avril 1814.* Cet ouvrage a été traduit
de l'espagnol en français, par Alex. Fondras, in-8°. de
325 pages, Paris, août 1815, de l'imprimerie de Rougeron.
Cet écrit, fort curieux par les détails qu'il contient sur les
moyens employés par Napoléon pour exclure du trône d'Espagne l'ancienne dynastie, est suivi de Pièces justificatives, et
porte un grand caractère de vérité. Il offre le tableau piquant
de la fierté castillane résistant au malheur, et dans la nécessité
d'une justification. D. Joseph-Miguel Azanza est en cet instant
à Paris.

(1) D. Cavallero est né vers 1751, à Sarragosse; son oncle

da ainsi par une intrigue facile à concevoir à présent, l'influence des conseils bons ou mauvais que je pouvais donner.

---

fut la cause de sa fortune. D'une famille honnête, mais peu distinguée, cet oncle prit, dans sa jeunesse, le parti des armes : enrôlé comme soldat, il combattit en Italie, et fut assez heureux pour sauver Charles III, alors âgé de dix-sept ans, lors de la surprise de Velletri. Un avancement rapide, et le titre de marquis, le récompensèrent d'abord, et le roi l'éleva bientôt au rang de ministre de la guerre. Le marquis de Cavallero resta constamment au-dessous des devoirs de sa place : il perdait un temps précieux dans de misérables détails qui n'auraient pas dû attirer ses regards; sa partialité était généralement connue, mais on l'attribuait cependant, plutôt à un travers d'esprit, à un défaut de jugement, qu'à son injustice naturelle. Il avait servi dans les carabiniers, et cette arme était celle qu'il favorisait le plus; aussi disait-on en Espagne, *lorsque D. Cavallero a mis ses lunettes, il ne voit que des carabiniers ;* il ne pouvait travailler sans le secours de ses lunettes ; et cette plaisanterie castillane n'étant pas dépourvue d'esprit, nous la citons ici pour la rareté du fait.

Le ministre n'oublia pas ses parents. Lorsque son neveu eut fini son cours de droit, il lui fit accorder une place de juge à Séville. Ce dernier, peu de temps après, devint *alcade de casa y corte* à Madrid, et ensuite fiscal du conseil suprême de la guerre. Il connut alors une camériste de la reine, liée d'intérêt avec le prince de la Paix, l'épousa, et, par le crédit de Godoy, fut nommé ministre de la guerre sous Charles IV. C'est avec raison que D. Juan Escoiquiz le blâme; il a été cons-

J'appris que les Français prétendaient ne pouvoir reconnaître le nouveau Roi sans un ordre de leur cour, que Charles IV et la reine avaient une garde française à Aranjuez, et que le grand-duc de Berg avait déclaré les prendre sous sa protection.

Le duc de Berg et l'ambassadeur de France demandaient avec menaces qu'on mît à la disposition de l'empereur, le prince de la Paix. Il circulait aussi, qu'ils insistaient avec force, quoiqu'avec plus d'égards, pour engager S. M. à se rendre au-devant de l'empereur.

Je crus alors, ainsi que grand nombre de personnes, qu'il se tramait quelque chose contre le Roi et la nation; mais les membres du conseil privé et moi, tout en concevant de violents soupçons, ne prévoyaient pas les projets que le gouvernement français cachait encore.

Le conseil suspectait un de ses membres

---

tamment et tout simplement un instrument d'intrigues. Lorsque Joseph s'assit sur le trône d'Espagne et des Indes, il accepta de lui les fonctions de conseiller d'état président de la section de l'intérieur. Après la bataille de Vitoria, il s'est réfugié en France, et habitait Bordeaux il y a peu de temps. (*Note de l'éditeur.*)

avec raison. Nous présumions que d'intel-
ligence avec les Français et l'ancien Roi, il
avait, par l'intermédiaire du grand-duc de
Berg et de la Reine d'Étrurie, aidé à rédiger
une protestation contre l'abdication d'Aranjuez.

Notre défiance, connue de S. M. Ferdinand VII, le porta à retirer sa confiance à
Cavallero, et à donner, à D. Sébastian Pinuela, le porte-feuille du ministère de grâce
et de justice.

Bientôt il arriva un courrier de Paris, expédié par D. Eugène Yzquierdo (1). La lettre
(n°. 1, des Pièces justificatives) était adressée
au prince de la Paix, mais Godoy étant arrêté,
et Ferdinand VII sur le trône, D. Pedro Ceva-

____

(1) Eugenio Yzquierdo de Ribera y Lezaun, né à Sarragosse, d'une famille obscure, élevé et introduit à la cour par
le comte de Fuentes, était un agent secret du prince de la
Paix auprès de Napoléon. Godoy, dont il fut le secrétaire,
lui avait fait accorder le titre de conseiller d'état. On ne connut
l'objet de sa mission en France qu'après l'arrestation du
favori; auparavant on ignorait, aux ministères d'Espagne et de
France, l'existence du traité secret de Fontainebleau, concernant la cession du Portugal, et la convention relative à l'entrée
des troupes françaises dans la péninsule. (*Note de l'éditeur.*)

los (1) reçut la dépêche qui, sans instruire positivement des intentions secrètes de l'empereur, confirmait les soupçons conçus par le conseil.

Il était question d'un projet d'alliance; le prince de Bénévent agissant au nom de son souverain, en avait traité avec Yzquierdo, dans un moment où l'on ignorait en France, l'abdication de Charles IV, et la détention de Godoy. Les propositions parurent sincères. Par leur rigueur envers Charles IV et son favori,

---

(1) Cevallos (Pedro), et non *Cevalhos*, selon M. de Pradt, lors même qu'il serait reçu d'écrire les noms étrangers comme on les prononce en français, n'est pas né, comme le dit M. l'archevêque de Malines, dans les Asturies, mais dans les montagnes de *Santander*, ou province *de las Cinco Villas.*

Il était avantageusement connu comme avocat, lorsqu'il épousa une parente du prince de la Paix, ce qui fut cause que ce dernier l'appela à la cour. Cevallos a été successivement ministre sous Charles IV, Ferdinand VII et Joseph; employé ensuite par la régence, il l'a été de nouveau à la rentrée de Ferdinand; qui, en 1816, lui retira sa confiance, et la lui accorda bientôt encore.

Il est auteur d'un ouvrage ayant pour titre: *Exposé des moyens employés par l'empereur Napoléon pour usurper la couronne d'Espagne,* 1 vol. in-8°., traduit en français par M. Nettement, Paris, 1814, Michaud frères.

Exposé des Mot. 3

ou présuma que c'était l'*ultimatum* des prétentions de l'empereur sur l'Espagne. Leur
exagération faisait penser qu'on avait cru
qu'elles ne seraient acceptées que par suite
de violences : l'on concevait ainsi l'occupation
préliminaire de Barcelonne, de Pampelune,
d'autres places frontières, l'entrée des Français à Madrid et l'opposition de M. de Beauharnais et du grand-duc de Berg, à l'abdication de Charles IV.

Il s'agissait de céder les provinces de la rive
gauche de l'Ebre et la Navarre; la France donnait en échange, le Portugal. En cas de refus,
on exigeait un chemin militaire pour communiquer de France en Portugal, dont les Français avaient fait la conquête.

Le Roi d'Espagne recevait le titre d'Empereur; l'étiquette des deux cours se serait trou-
vée égale dans les cérémonies de l'union projetée du prince des Asturies; on posait les bases d'un traité de commerce avantageux. Le
mariage d'une princesse du sang impérial avec
le prince cimentait l'alliance des deux peuples
sans qu'on craignît que S. Altesse fût exclue
du trône de ses pères, d'après l'interprétation
d'un article *contentieux*, concernant, 1°. le
droit des femmes à la succession, droit douteux

par d'anciennes lois des rois d'Espagne; 2°. l'ordre de succession entre les mâles, à propos duquel on attribuait faussement, à Charles VI, une disposition expliquée par D. Yzquierdo (1).

Le conseil se persuada que le Roi n'aurait à craindre, tout au plus, qu'une cession des provinces de l'Ebre, en échange du Portugal; ou la servitude d'un chemin militaire, ou même que tout se restreindrait à la perte de la Navarre.

Des bruits vagues, mais assez généralement accueillis, sans se fixer sur aucun objet déterminé, excitaient beaucoup de défiance sur des projets que je croyais mal jugés par l'effet d'une haine nationale, et concernant lesquels je partageais entièrement l'opinion du conseil.

___

(1) Voyez le traité secret et la convention secrète de Fontainebleau dont il s'agit ici, dans les pièces justificatives de l'ouvrage de Cevallos précédemment cité, pages 65 à 77 inclusivement. (*Note de l'éditeur.*)

CHAPITRE II.

Etat de la Cour et de Madrid; dangers qui environnaient le Roi, lors de mon arrivée, le 28 mars 1808.

La situation de la cour d'Espagne était alors une des plus critiques que l'histoire puisse peindre. Le grand-duc de Berg, ayant sous ses ordres des généraux français distingués, commandait 50,000 hommes. Il s'était placé avec son état-major, une garde nombreuse et de l'artillerie, dans la maison de D. Manuel Godoy, et à deux cents pas du palais du Roi : 40,000 soldats garnissaient toutes les positions militaires qui environnent la capitale; c'étaient de vieilles troupes de toutes armes, pourvues de toutes espèces de munitions. Les rapports, avec Bayonne, étaient assurés par une chaîne de 30,000 hommes disposés en échelons, et qui pouvaient se porter rapidement sur un point menacé.

Les places frontières, notamment l'importante ville de Barcelone, étaient au pouvoir des Français, par suite des perfidies de D. Manuel Godoy; le général Junot commandait en

Portugal, et ce qui restait d'anciens soldats espagnols depuis l'envoi du marquis de la Romana et d'autres généraux dans le Nord et dans l'Italie, était disséminé et comme englouti dans les 30,000 hommes qu'il avait sous ses ordres.

Le peuple de Madrid augmentait le danger par ses dispositions dont les Français jugeaient facilement. L'amour de la patrie et du Roi qu'on refusait de reconnaître, éclatait journellement, et chaque instant était marqué par des rumeurs, par des attroupements tumultueux; présage certain des catastrophes sanglantes. La haine nationale éclata enfin sur la place du marché de l'Orge. Plusieurs militaires français, tués ou blessés, en furent les victimes; mais les membres du gouvernement, les fonctionnaires publics et les personnes les plus distinguées s'empressèrent, avec le secours des troupes espagnoles, de rétablir l'ordre, et de prévenir de nouveaux malheurs (1).

_____

(1)MM. d'Azanza et O-Farrill, écrit *Offaril* par M. de Pradt, et le général Harispe, contribuèrent à arrêter le tumulte: aux premiers coups de fusil, les deux premiers se précipitèrent, par ordre de D. Antonio, président de la junte suprême de gouvernement, sur des chevaux de gardes-du-corps, et réveillèrent des sentiments d'humanité dans le cœur de Murat,

Les ennemis des Français n'étaient pas les seuls qui excitassent à la révolte : l'on remarqua des partisans de Charles IV, des créatures de Godoy et même des amis des Français, qui avaient un intérêt réel à profiter des troubles pour donner une leçon sanglante aux habitants de Madrid, et répandre la consternation en Espagne. Il est même possible qu'ils aient eu le projet de faire disparaître le roi Ferdinand, et ses plus fidèles sujets pendant la confusion et le désordre qui règnent toujours dans de semblables circonstances.

Le conseil du Roi aurait pris un parti décisif, l'orgueil des Français se serait montré moins ouvertement s'il avait été possible qu'une garnison espagnole de 3 ou 4,000 hommes et la population de la capitale pussent triompher.

Madrid est habité par 130,000 âmes; 40,000 au plus, peuvent porter les armes, et nous n'en avions alors presque pas du service de guerre; aucun ordre n'était donné pour la réunion des

---

déjà à la tête de ses troupes sur les hauteurs de Saint-Vincent.

On trouvera, à la fin de ce volume, après les pièces justificatives de l'exposé de D. Juan Excoiquiz, des lettres de la junte suprême, de l'infant D. Antonio, et de Murat, sur les causes du massacre du 2 mai. (*Note de l'éditeur.*)

combattants, d'ailleurs indisciplinés et retenus par les vieillards, les femmes et les enfants. Les trois mille soldats espagnols de la garnison étaient sûrs ; mais les munitions manquaient, et la moindre tentative pour s'en procurer eût été prévenue et punie. Je demande aux hommes qui réfléchissent, aux militaires principalement, si l'on pouvait raisonnablement espérer d'opposer, avec succès, de semblables moyens à 50,000 Français qui s'attendaient à une attaque, et avaient pris des positions.

Les environs de Madrid étaient dégarnis de troupes espagnoles : un seul régiment suisse, à notre solde, se trouvait à Tolède ; mais on craignait ses dispositions ; le grand-duc de Berg couvrait les chemins d'espions et de patrouilles, obligeait les corps nationaux qui se présentaient à rétrograder, saisissait toutes les armes ; paralysant ainsi toutes les mesures que le gouvernement aurait pu prendre, et se plaignant journellement au Roi de la conduite des Espagnols. Il parlait beaucoup de la loyauté française, et annonçait qu'il regarderait comme un commencement d'hostilités la première action qui prouverait un doute à cet égard.

Dans ces circonstances, je desirai ainsi que le conseil, connaître le nombre et les positions

de nos troupes. Le ministre de la guerre, Olaguer Féliu (1), que je consultai pour obtenir
des moyens de délivrance, me déclara qu'il
ignorait ce que je voulais savoir, qu'aucun de
ses employés n'en était instruit et que D. Manuel Godoy s'était réservé tout le travail sur
les armées espagnoles. Il termina en m'assurant que, selon son opinion particulière, d'accord avec l'opinion générale, tous nos soldats
se trouvaient en Portugal aux ordres de Junot,
excepté les faibles garnisons de St.-Roch et
des ports.

Dépourvus de ressources, pressés par les
événements, la prudence nous commandait d'é-
viter une rupture avant d'avoir assuré nos
moyens de résistance.

L'ambassadeur de France augmentait nos
inquiétudes et nos craintes. Réuni au grand-

_____

(1) D. Olaguer Féliu, mort en 1808, naquit en Catalogne : il
était parvenu, plutôt par ancienneté que par des services réels,
au grade de maréchal-de-camp. Sans caractère, sans véritable
dignité, il mettait un haut intérêt à des choses d'étiquette, dont
les hommes supérieurs se servent en jouant. C'était un de ces
hommes nuls qu'il fallait au prince de la Paix : aussi lui fit-il accorder le ministère de la guerre. (Omission de M. de Pradt.)
(*Note de l'éditeur.*)

duc de Berg, il annonçait le départ de l'empereur de Paris, et son projet de se rendre à Madrid. Il pressait vivement le roi d'aller à sa rencontre.

Le roi et son conseil se flattèrent que la conduite des Français avait pour but de régler promptement leurs intérêts dans le Midi, afin de se porter vers le Nord où la guerre paraissait sur le point d'éclater. On se persuada qu'ils ne tenaient qu'à l'une ou l'autre des conditions du traité proposé à Yzquierdo, et que la concession du chemin militaire laisserait au besoin, le temps de réunir des forces, et de préparer des moyens de lutter avantageusement ; moyens qui deviendraient peut-être inutiles, par les suites du mariage de S. M. avec une nièce de l'empereur.

Ces raisons engageaient à temporiser ; car on avait à craindre que les Français, maîtres de l'esprit de Charles IV, ne fissent poursuivre le procès de l'Escurial, et n'éloignassent Ferdinand du trône : l'opposition insuffisante du peuple de Madrid pouvait amener un massacre, peut-être même la mort de Ferdinand et de ses parents, et rien n'était plus facile que de tromper les souverains étrangers en s'annonçant hautement comme étant d'accord avec Charles IV,

et comme soutenant un père malheureux contre son fils rebelle.

Peut-on douter que la reine, et le prince de
la Paix (dont on aurait paru continuer le procès) se seraient bientôt vus éloignés des affaires?
Le roi Charles que la nation ne haïssait point,
aidé nécessairement d'un parti puissant et des
Français, se serait trouvé engagé dans une lutte
sanglante dont le résultat mettait l'Espagne
à la disposition de ses ennemis.

Voilà l'affreux avenir qu'annonçait une
rupture avec la France. L'Espagne a été dé-
chirée de mille maux ; mais peut-on les comparer à ce qu'elle aurait souffert? D'ailleurs
en résultat, n'a-t-elle pas son jeune roi bien
aimé, et la nation ne se trouve-t-elle point avoir
acquis une gloire qui ne périra jamais ?

Voyons maintenant quels moyens on avait
de prévenir les maux dont il vient d'être question.

Le roi pouvait-il rester à Madrid, lors même
qu'on admettrait qu'il eût connu ce que nul
homme sensé ne pouvait prévoir, un changement de dynastie ? La raison commandait à
l'empereur de voiler son ambition en rétablis-
sant Charles IV, dont il aurait pu facilement
après, arracher une abdication solennelle pour

consacrer son envahissement ; et, en supposant que Ferdinand se fût jeté dans les provinces, y eût levé des troupes, il n'aurait pu empêcher la guerre civile, et les malheurs qui la suivent toujours.

Le palais était rempli d'espions du vieux roi et du duc de Berg ; l'étiquette défendait au prince d'être seul même un instant ; un changement aux usages aurait éveillé des soupçons, et le grand-duc de Berg, placé à deux cents pas du palais, pouvait prendre facilement des mesures pour que, si le prince sortait de Madrid, il tombât entre les mains des Français, qui auraient profité de cette circonstance pour hâter l'exécution de leurs projets.

Le roi et son conseil avaient les motifs les plus puissants de croire impossible le projet d'un changement de dynastie ; je ne pensais pas même qu'il eût été conçu, et si je l'avais imaginé, aurais-je dû, d'après ce que j'ai dit précédemment, et qui doit convaincre tout homme sage, aurais-je pu conseiller au roi de s'échapper, et encore moins de rester dans Madrid ?

CHAPITRE III.

Motifs puissants du Roi et de son conseil pour ne pas soupçonner le projet secret de Napoléon.

Outre les raisons que nous avons déjà déduites, d'autres nous rassuraient encore sur les intentions secrètes de l'empereur.

Il avait évité jusqu'alors de conserver les états de ses ennemis. Il se réduisait à y dominer réellement, sans crainte qu'on pût résister à ses innombrables armées et franchir subitement le Rhin, les Alpes ou ses autres frontières. Il avait laissé leurs trônes à l'empereur d'Autriche, au roi de Prusse, après les batailles d'Austerlitz et d'Jéna ; et s'il s'empara de quelques provinces, ce fut pour les donner à la Bavière et à la Westphalie, royaumes qu'il créait pour élever un boulevard contre les souverains vaincus et la puissance russe plus redoutable encore.

La nécessité d'une communication facile avec l'Italie pour s'y porter rapidement en cas d'invasion de la part des Allemands, motiva la

réunion à la France des provinces du Piémont
dont le trône d'ailleurs n'était point alors occupé.

L'indépendance des Suisses ne fut pas trou-
blée, quoique leur pays offrît un point faible
dans la ligne sur laquelle les attaques contre la
France devaient se porter.

Augmenter la puissance de ses auxiliaires,
ne pas priver de tout ceux qu'il avait vaincus,
intéresser ses parents, par le don des provinces
conquises, à soutenir sa fortune, voilà ce qui paraissait être les bases de la politique de Napoléon, et les règles de conduite les plus sûres
pour ses intérêts.

La Hollande et la Westphalie devinrent des
royaumes pour deux de ses frères ; Naples fut
cédé à un autre ; le grand-duché de Berg et la
principauté de Lucques, appartinrent à deux
de ses sœurs. Il augmenta des possessions enle-
vées à l'Autriche et à la Prusse ; la Bavière et
le Virtemberg, dont il fit rois les souverains.
Napoléon opéra toutes ces concessions, excepté
celle de la Hollande, au moyen de conquêtes
sur ceux qui s'étaient déclarés ses ennemis.

Remarquons que les Hollandais demandaient généralement un nouveau gouvernement, et que les querelles de l'Angleterre et
de la France engageaient cette dernière à

rompre les rapports des Anglais avec la Hollande.

Le roi de Naples a été détrôné par Napoléon ; mais cela même et les circonstances qui amenèrent l'événement fortifient notre opinion sur le système de conduite politique que ce dernier avait adopté.

Les Napolitains vaincus étaient à la disposition des Français dont l'armée s'augmentait chaque jour de nouvelles forces. La famille royale se voyait en danger d'être prise, lorsque Napoléon fit retirer ses troupes, ne démembra aucune province, ne réclamant qu'une neutralité absolue de la part des princes dont il reconnaissait les droits de la manière la plus authentique. Si la couronne des deux Siciles fut ensuite accordée à Joseph, c'est que l'ancien roi, infidèle à toutes ses promesses, avait à peine attendu le départ des Français pour accueillir leurs ennemis dans sa capitale, et se réunir à eux contre ceux avec lesquels il venait de signer la paix.

Pourquoi Napoléon se serait-il conduit moins généreusement avec un allié qu'avec ses ennemis ? Etait-il présumable qu'il ne chercherait pas, au moyen de l'alliance du roi Ferdinand avec sa nièce, à se faire de ce prince un allié dévoué à la famille impériale, et qui

abandonnerait bientôt les intérêts des Bourbons délaissés par Charles IV ?

Napoléon pouvait-il avoir le projet de donner enfin de la réalité aux déclamations
des Anglais, qui appelaient l'attention de l'Europe sur son ambition gigantesque ; d'indigner
contre lui tous les souverains par le spectacle
d'une perfidie sans bornes, et de l'oubli de tous
les devoirs envers un prince qu'il se serait plu
à détrôner, ainsi que son épouse future ; pour
élever un des siens à force de dépenses incalculables, et au prix du sang qu'une opposition légitime ferait nécessairement couler ?

Adopter ces idées, c'était concevoir un système de politique absolument différent de celui suivi jusqu'alors par l'empereur : il était
invraisemblable qu'il n'eût pas calculé les
chances funestes que présentait l'établissement
d'une nouvelle dynastie en Espagne.

Une guerre d'extermination, l'épuisement
du trésor, l'anéantissement des fonds de l'état
qu'on ne pourrait employer contre les Anglais ou tout autre ennemi, un sol sans pro-
duction qu'il faudrait surcharger d'impôts en
faveur du nouveau roi : voilà les choses certaines qui venaient s'opposer aux espérances
d'un succès.

Le roi imposé par la force ne pourrait se

soutenir qu'avec une armée étrangère ; que par
la rigueur des mesures militaires ; au premier
moment où la France ne le seconderait pas de
tous ses moyens employés à la réussite de
quelque autre guerre, la haine nationale,
exaspérée et long-temps contenue, éclaterait
et détruirait le nouvel édifice politique.

L'influence de l'Angleterre augmenterait
par l'imprudence de la France. Unie aux Espagnols, la péninsule dévorerait ses ennemis
sur lesquels, lorsqu'ils seraient affaiblis, se
précipiterait l'Europe entière, intéressée à
prévenir les suites de leur ambition.

L'établissement d'une nouvelle dynastie sé-
parait l'Amérique espagnole de sa métropole ;
l'Espagne perdant bientôt ses autres colonies ;
le commerce de la France avec ces contrées
deviendrait nul ; les Anglais s'en empareraient
et le blocus continental ne leur nuirait plus.
Leur puissance prendrait un accroissement
effrayant ; d'immenses débouchés seraient ouverts aux produits de leurs possessions ; ils se
trouveraient les maîtres d'en fixer arbitraire-
ment le prix, et bientôt les richesses de l'Amérique s'uniraient dans leurs mains, aux trésors
de l'Inde.

Les monnaies, dont la matière acquise par

l'intermédiaire de l'Espagne, ne serait plus renouvelée au moyen du commerce alors détruit et réduit presqu'à de simples échanges, n'auraient bientôt que la valeur qu'on leur attribuait avant la découverte de l'Amérique.

Les mines, devenues des propriétés anglaises, augmenteraient l'opulence de leurs possesseurs, en raison de la pénurie générale des matières d'or et d'argent ; et d'immenses capitaux leur faciliteraient les moyens de soudoyer contre la France, et jusqu'à sa chute, tous les peuples de l'Europe.

Ces motifs convaincants étaient tirés des véritables intérêts de l'empereur. On ne put croire, lors même qu'il l'eût déclaré, qu'il songeât à renverser l'ancienne dynastie. Le conseil du Roi et les politiques réunis à Bayonne pensaient qu'il cherchait à obtenir avec plus de facilité, en annonçant les projets les moins susceptibles d'être prévus, certaines demandes du traité d'Yzquierdo. C'était l'opinion de Labrador (1), d'Onis, de Vallejo et de Ceval-

(1) Pedro Gomes Labrador fut envoyé de Charles IV auprès de Pie VI, lorsque le Saint-Père habitait Valence. Il eut ensuite une mission pour Florence et se chargea, à Bayonne, de la négociation concernant l'échange de la couronne d'Espagne

los (1). On ne peut présumer que des personnes
aussi instruites auraient vu autrement avant les
renseignements que le duc de San-Carlos (2),

---

et des Indes contre l'Étrurie; il a été ambassadeur au congrès
de Vienne, et ensuite à la cour de France en 1814.

(1) Voyez les Pièces justificatives, n°. 2, art. 15. (*Note de
l'auteur.*)

(2) D. Jh. Michel de Carvajal, duc de San-Carlos, grand-
courrier des postes des Indes, grand d'Espagne de la première
classe, grand majordome de S. M. Catholique, chambellan,
lieutenant-général, commandeur de différents ordres, est un des
hommes les plus remarquables de l'Espagne moderne par son
mérite personnel.

Né en 1770 environ, il se distingua pendant la campagne de
Catalogne contre la république, et commanda un régiment
d'infanterie dans les troupes espagnoles, qui, après la paix de
Bâle, vinrent en France pour une expédition secrète. Avide de
connaissances, il ne négligea aucune occasion d'en acquérir : les
écrits de nos meilleurs auteurs, dans tous les genres, lui devinrent familiers. Apprécié dans sa patrie, on le nomma gouverneur de Ferdinand VII, alors prince des Asturies, et il dirigea
les leçons du chanoine Escoiquiz, qui en fut le précepteur. Les
soins de ces hommes habiles sauvèrent le prince des dangers
que lui offrait une cour où régnaient l'intrigue et les plus basses
passions.

Le duc de San-Carlos suivit, en 1808, Ferdinand VII et les
infants. Il partagea leur captivité à Valençai jusqu'en 1809,
époque à laquelle Juan Gualberto Amezaga, grand-écuyer de
S. M., le signala à la police de Napoléon comme ayant une in-

D. Pedro Macanaz et moi-même eûmes particulièrement sur les intentions de l'empereur,

---

fluence dangereuse sur l'esprit du roi. Fouché l'envoya en surveillance à Lons-le-Saulnier, chef-lieu d'un des trois départements qu'on a formés de l'ancienne province de Franche-Comté. Le ministre de la police recommanda cependant au préfet d'avoir pour lui les plus grands égards. M. le baron Destouches, aujourd'hui préfet à Versailles, remplissait alors les mêmes fonctions à Lons-le-Saulnier, et n'oublia pas ce qu'il devait au malheur.

Il est intéressant pour l'observateur, d'étudier la conduite d'un grand d'Espagne de première classe, transporté tout à coup, du sein des cercles les plus brillants, dans une petite ville.

Le duc y fit preuve d'une rare modestie ; il paraissait plutôt desirer apprendre que curieux d'enseigner : il ne choqua, ainsi, aucun de ces amours-propres qui, pour être obscurs et sans titres, ne sont pas privés pour cela du pouvoir de nuire : il plut généralement. Il parlait peu ; mais sa physionomie, assez mobile pour celle d'un homme de cour, annonçait souvent, malgré sa prudente retenue, qu'il écoutait beaucoup. Jamais une plainte sur sa situation ne sortait de sa bouche. Il entretenait les Français, des Français eux-mêmes, et fut long-temps sans deviner la chute de Napoléon. Lorsqu'il eut quitté ses ordres par suite d'un décret de Joseph, alors assis sur le trône d'Espagne et des Indes, il affecta de ne plus paraître en uniforme ; mais l'on remarquait, sur tous ses habits, les traces du fil qui y avait fixé la plaque d'un grand ordre : on ne naît pas Espagnol en vain.

4..

puisqu'elles persistèrent lorsqu'elles furent in-
formées de ces détails.

Voilà, je crois, une preuve suffisante que le

Le duc étudia avec attention l'administration française. Il
méditait beaucoup le système de la conscription militaire.

Quoiqu'en surveillance spéciale, il avait la liberté d'aller à la
campagne, et profita d'une de ces excursions pour avoir une
entrevue avec un grand personnage qui se rendait en Italie. En
1813, il reçut l'ordre de se rendre à Valençai pour négocier,
ainsi que D. Juan Escoiquiz, avec M. de la Forest, qui y était
secrètement, concernant le retour du roi en Espagne. Après
avoir signé le traité du 8 décembre, il partit pour le soumettre à
la régence et aux cortès. Arrivé en Catalogne, il y rencontra le
maréchal Suchet, à qui il sut persuader qu'il était personnelle-
ment intéressé à la rentrée de Ferdinand VII, parce qu'alors
S. M. lui conserverait le duché d'Albuféra. Le maréchal
saisit avidement cette prétendue occasion de retrouver une
propriété qu'il considérait comme perdue. Il écrivit à Napoléon, et ne contribua pas peu à l'entretenir dans l'idée
que la mise en liberté du roi et des infants serait utile à la
France.

Porteur du refus de la régence et des cortès d'approuver
le traité du 8 décembre, il reparut en 1814 à Valençai, au
moment où Napoléon, pressé par les alliés, les combattait dans
l'intérieur de la France. Le duc chercha vainement à l'atteindre
dans ses marches continuelles; et n'espérant plus y réussir assez
promptement, il lui écrivit, de Troyes, une lettre adroite, le
rassura sur le refus de la régence et des cortès, et obtint la
confirmation d'un ordre déjà donné pour le départ du roi et des

conseil ne pouvait croire à la réalité d'un changement de dynastie. Plusieurs des plus habiles diplomates, membres du conseil à Madrid et à Bayonne, éloignaient toute idée semblable avec encore plus de constance que moi.

Mon but ici n'est point de les accuser de n'avoir pas soupçonné l'existence d'un plan inimaginable; je cherche à démontrer qu'on ne pouvait raisonnablement le présumer; et que, s'étant égarés pour le moins autant que moi, les bases de notre incrédulité deviennent plus solides par notre accord dans la manière de voir les choses.

S. M. reçut à Vittoria une lettre de l'empe-

---

infants, qu'on craignait alors de voir enlever. Rentré dans sa patrie, le duc de San-Carlos obtint un ministère pour prix de son dévouement, le quitta peu après; fut nommé ensuite ambassadeur à Vienne; mais, avant sa sortie d'Espagne, il reçut contre-ordre, et se trouve en cet instant exilé à Villafranca.

Le duc de San-Carlos est bienfaisant. Il a secouru, pendant son exil, beaucoup de Français malheureux et un grand nombre de militaires espagnols. On doit attribuer à sa politique, plutôt qu'à toute autre cause, son refus de recevoir quelques officiers du dépôt de Mâcon, qui avaient obtenu la permission de lui faire visite. Il ne néglige aucun des devoirs extérieurs imposés par l'Église catholique romaine, et a des prétentions fondées aux connaissances théologiques.

reur (1); les protestations, *les paroles d'honneur* les plus positives prodiguées par l'ambassadeur de France et le grand-duc de Berg,
ajoutaient à la confiance qu'on pouvait avoir.
Ils déclaraient, ce qu'on était loin d'attendre
cependant, qu'on ne prendrait pas à l'Espagne
le plus petit village, et que Ferdinand serait
reconnu souverain légitime d'Espagne, tout en
arrivant à Bayonne.

Les rapports reçus le 17 et le 18 avril à Vittoria
et adressés par les agents espagnols envoyés à
Bayonne, ne permettaient pas au roi et à son conseil de douter des bonnes intentions de l'empereur, dont la lettre, pour éloigner tout soupçon
de trahison, invitait le roi à aller traiter avec
lui à l'amiable des intérêts qui leur étaient
communs. Nous étions alors environnés de
de 8000 Français; nous pensâmes que Napoléon serait flatté d'affermir sur son trône un
des plus puissants monarques, étant le premier à le reconnaître; d'acquérir des droits à
à son amitié et à celle de son peuple : on résolut
donc d'aller à Bayonne. Ce parti fut considéré
comme étant sans inconvénient dans la circonstance; on espérait aussi que cette noble

---

(1) *Voyez* cette lettre, page 75 de l'*Exposé de Cevallos.*

confiance disposerait favorablement Napoléon en flattant son orgueil.

Cette résolution prise dans la nuit du 18 avril prévint un événement dont on ne peut déterminer les suites, et qui aurait peut-être causé la mort du roi. S. M. devait être enlevée, ainsi que ceux qui l'accompagnaient. C'est ce que nous apprîmes sûrement à Bayonne. Les troupes françaises étaient prêtes ; elles n'attendaient que le moment de l'exécution : mais le général Savary, en sortant de chez le roi, informa par un signe un aide-de-camp que, S. M. s'étant décidée à partir le lendemain, la violence était inutile. Les soldats reçurent en conséquence contre-ordre.

Peut-on être surpris de voir le roi et son conseil instruits de circonstances ignorées de la multitude, habitués à discuter de grands intérêts sur lesquels il n'est pas donné à chacun de prononcer, considérer comme insensé le projet supposé de l'empereur, et regarder, comme une suite de la haine pour des étrangers, les craintes que le bon peuple de Vittoria manifesta sur le voyage de S. M.

Le calcul des événements ne peut être livré au hasard : la raison doit le diriger et ses indications sont justes quatre-vingt-dix-neuf fois sur

cent : lorsqu'on les suit, on n'a rien à se reprocher
quel que soit l'événement; car ce serait être tout-
à-fait téméraire que de s'abandonner à des im-
pulsions incertaines, parce qu'il a été prouvé
une fois que des pressentiments peuvent se vérifier.

L'opinion du roi et de son conseil, partagée
alors généralement, était que les vrais intérêts
de l'empereur s'opposaient à un changement
de dynastie en Espagne. Nous ne pouvions
soupçonner qu'il amènerait sa perte et celle
de sa réputation par une ambition tout-à-fait
aveugle.

CHAPITRE IV.

*Conduite suivie à Bayonne, par le Roi et par
son conseil. De ma conduite particulière,
et des motifs qui me firent agir.*

Le 20 avril 1808, à dix heures du matin, le
roi entra à Bayonne. A peine avait-il fait deux
lieues sur le territoire de France, qu'il apprit,
par ses agents, le projet conçu par Napoléon,
d'enlever à la maison de Bourbon le trône
d'Espagne.

Immédiatement après l'arrivée du roi, il reçut une visite de son perfide ennemi ; tout le temps qu'elle dura fut employé en compliments.

S. M. et sa suite se rendirent, six heures après, à la maison de campagne de Marac, où se trouvait l'empereur; tout se passa encore en compliments. Le roi, l'infant D. Carlos, D. Pedro Cevallos, les ducs de l'Infantado (1), de San-Carlos et moi, fûmes introduits dans le cabinet de l'empereur, qui, lorsque nous partions, m'annonça avec mystère qu'il voulait m'entretenir particulièrement.

J'obtins l'autorisation du roi pour cet entretien, et, lorsqu'il fut sorti, j'eus, dans le cabinet de l'empereur, la conversation dont le détail exact se trouve au n°. 3 des Pièces justificatives, ainsi que d'autres dialogues subséquents dans lesquels il reproduisit les mêmes idées. Il s'adressa, tant en ma présence qu'en mon absence, aux ducs de l'Infantado et de

_____

(1) Le duc de l'Infantado, grand d'Espagne de première classe, est fils d'une princesse de Salm-Salm, qui le fit élever en France. Il rapporta, dans sa patrie, une grande légèreté, et par conséquent peu d'aptitude aux grandes affaires. Lorsque la guerre éclata entre l'Espagne et la France au commencement de la révolution, il leva un régiment à ses frais, fit la campagne de Catalogne, et ne se distingua nullement. Il est un de ceux qui signèrent la constitution de Bayonne.

San-Carlos, ainsi qu'à D. Pedro Cevallos, dont
les réponses furent au fond de la même nature
que les miennes, et n'en différèrent que par des
détails de pure circonstance.

Nous prévoyions, à cette époque, les suites
funestes des projets de l'empereur, et nous ne
pouvions imaginer qu'il y pensât sérieusement.
Nos entretiens, écrits littéralement, le prouvent, comme les événements ont rendu incontestable la justesse de notre manière de voir
sur la fin de ses entreprises.

Napoléon débuta par déclarer que son projet
était irrévocable concernant l'éloignement de la
maison de Bourbon du trône d'Espagne; mais,
quelle que fût sa ténacité à suivre ses idées, il devint irrésolu après notre première conversation,
m'annonça qu'il réfléchirait davantage , et
m'instruirait le lendemain de sa dernière résolution : c'était l'effet de l'évidence et de la force
des raisons qui, naturellement , s'opposaient à
l'exécution du plan qu'il avait conçu.

Je ne tardai pas un instant à informer le
roi et son conseil de tous les détails de ma conversation avec l'empereur; je n'omis pas de
rendre compte qu'il paraissait disposé, au cas où
il recevrait une cession de l'Espagne, de donner en échange à S. M., pour elle et ses héritiers, l'Étrurie qui deviendrait un royaume.

Nous ne nous occupâmes point de cet échange, espérant empêcher la cession.

Mais l'empereur déclara , le lendemain, qu'il persistait à vouloir le trône d'Espagne; il offrit de nouveau l'Étrurie en compensation. Cevallos, San-Carlos, l'Infantado et moi qu'il avait fait appeler pour entendre ses dernières résolutions, employâmes infructueusement tous les moyens possibles de le faire renoncer à violer ainsi le droit des gens; il persista, et il ne nous resta plus qu'à prévenir le roi.

- Je fatiguerais le lecteur si j'entrais dans les détails des nouveaux et vains efforts que nous tentâmes avant l'arrivée du roi Charles IV et de la reine, dans nos diverses conférences, soit avec l'empereur, soit avec M. de Champagny, son ministre des relations extérieures.

Dans cette situation, soit pour ne perdre aucun moyen d'avoir de bons avis, soit pour réunir le plus grand nombre possible de témoins de l'acte de violence qui se préparait , on décida que les personnes instruites, de la suite du roi, entreraient au conseil pour y discuter l'échange de la couronne d'Espagne contre celle d'Étrurie.

Le nouveau conseil s'assembla plusieurs fois devant le roi et l'infant D. Carlos, sans pouvoir prendre aucun parti. Il est vrai de dire que

nous soupçonnions un traître dans la réunion, et
que les opinions étaient par conséquent gênées ;
mais c'était un mal inévitable, et l'on n'avait pas
de temps à perdre. L'empereur menaçait, si l'on
tardait davantage à prendre un parti sur l'é-
change, de rompre les négociations avec Ferdinand et de traiter directement avec le roi Charles qui se rendait alors à Bayonne.

Je ne peindrai point la diversité des opinions adroites, ingénieuses ou ridicules, qui furent émises ; mais je dirai que la majorité ne
soupçonnait pas les véritables desseins de l'empereur ; que le ministre Cevallos, Labrador,
Vallejo, Onis et Bardaxi, persistaient à penser
qu'il demandait beaucoup pour avoir peu ; qu'il
n'insisterait enfin, que sur la cession de quelques colonies ; qu'en montrant du caractère, il
renoncerait et aux provinces de la rive gauche
de l'Ebre et peut-être à la Navarre. Ces idées
étaient raisonnables par elles-mêmes ; quoique
nous eussions une opinion contraire, elles nous
firent hésiter : un temps précieux s'écoula en
incertitude jusqu'à la veille du jour où l'on at-
tendait Charles IV. L'empereur me fit appeler
dans la nuit, et me déclara que, dès cet instant,
il renonçait à négocier avec Ferdinand. Dès lors
les séances du conseil cessèrent, et les bons
Espagnols demeurèrent confus de leur crédulité

qui les avait portés à conseiller une noble fermeté dans un pays dont la politique avait d'autres maximes.

Je ne partageai pas d'abord l'opinion qu'il était bien de rejeter tout échange ; mais j'y revins ensuite, et cela justifie ma conduite politique. J'entrerai dans quelques détails pour expliquer comment, avec la minorité, j'ouvris dans le principe un tout autre avis (1).

Les réflexions suivantes m'engagèrent à combattre l'échange proposé.

Il fallait adoucir, par tous les moyens que l'honneur autorise, la captivité du roi, lui ménager ainsi les ressources que sa jeunesse et les événements lui préparaient pour remonter sur le trône.

Le traité d'échange remplissait ce double objet ; consenti pendant la captivité, il devenait nécessairement nul ; et reprocha-t-on jamais à François Ier. de n'avoir pas exécuté les conventions qu'il avait signées à Madrid ? sa captivité était moins malheureuse que celle de Ferdinand, et sa délicatesse, son honneur *chevaleresque* sont passés en proverbe chez ses sujets.

Ajoutons encore, que le piége tendu par l'empereur, la captivité de Bayonne étant

_____

(1) *Voyez* la pièce, n°. 7.

évidente aux yeux des peuples, aucun engagement, quelqu'authentique qu'il fût de la part
du roi, ne pouvait empêcher la nation espagnole de suivre l'impulsion que son caractère
courageux et sa fidélité lui donneraient pour
briser le joug qu'on voulait lui imposer.

Lorsqu'on admettra que l'acceptation de
l'échange n'attaquait pas l'honneur du roi, et
qu'il ne détruisait aucun des droits de la nation,
il deviendra évident que tous deux en tiraient
de grands avantages. Napoléon reconnaissant
dans Ferdinand le caractère de roi, perdait
toute autorité sur lui; sa détention devenait
une tyrannie, et si elle avait eu lieu encore,
Napoléon ne pouvait punir ni Ferdinand, ni sa
suite, des tentatives qu'ils feraient pour recou-
vrer la liberté.

En supposant qu'il retînt le prince en France
jusqu'à la soumission entière de l'Espagne, le
titre de roi exigeait des égards; on n'avait pas
à redouter une étroite prison dans une forte-
resse, et la misère et l'ennui qui auraient peut-
être donné la mort à Sa Majesté et à ses augustes frères; les Français eux-mêmes se seraient
indignés d'une semblable conduite.

Le rejet de l'échange mettait le roi et ses
frères à la disposition de Napoléon, qui traitait
dès lors avec Charles IV, en recevait tout pouvoir sur des enfants déshérités, justifiait sa

conduite à leur égard, par le titre de sujets qu'ils avaient dès lors sur le sol français. Le traité de Bayonne ne les soumit-il pas entièrement à l'empereur, en les assimilant aux princes de la maison impériale?

Si l'Espagne unie à l'Angleterre, et peut-être aidée encore de quelqu'autre peuple, triomphait, selon nos vœux, de l'empereur, il devenait très intéressant pour le roi de pouvoir disposer de la Toscane, s'il était nécessaire de faire une cession, afin de reprendre son royaume.

Il restait, par l'acceptation de la Toscane, un asile honorable aux princes, dans la supposition de la soumission de l'Espagne. Et d'ailleurs, Napoléon, en traitant directement avec Ferdinand VII comme roi d'Espagne, consacrait les droits de ce dernier qu'il ne détruisait que par la force; il s'ôtait tout prétexte de justifier sa conduite oppressive qu'il ne pouvait colorer qu'en proclamant les droits prétendus de Charles IV.

Tous ces raisonnements prenaient une nouvelle force, par la persuasion où nous étions que si le roi refusait la Toscane, il n'en perdrait pas moins l'Espagne, et serait forcé de rester soumis à Napoléon.

Il était évident que Charles IV se disposait,

à son arrivée à Bayonne, à protester contre son abdication, ainsi qu'à arracher au prince une déclaration qui la rendît nulle, afin de transmettre à l'empereur des droits certains.

Effectivement, Charles IV à peine arrivé, manda son fils, et lui intima, en présence de la reine et de l'empereur, l'ordre de lui rendre sa couronne par une cession simple, signée de lui et de ses frères, acte qui serait remis avant les six premières heures du jour suivant. Il menaça le prince, en cas de refus, de le faire traiter, ainsi que sa suite, comme des *émigrés rebelles*. L'empereur appuya Charles IV. Ferdinand voulut alors parler, mais son père s'élança de son siège, en le menaçant et en l'accusant d'avoir voulu lui arracher la vie avec la couronne. L'étonnement et le respect ôtèrent au roi la faculté de répondre un seul mot (1).

Résister davantage aurait été hasarder la vie du prince et de ses frères. Que n'avait-on pas à craindre d'un père furieux et égaré, et des

_____

(1) M. de Pradt a peint cette scène à sa manière. Il prétend que Napoléon lui en a donné les détails. L'atrocité de certaines choses fait frémir, et comme, malgré le récit de Mgr. et l'autorité de Napoléon, on ne croira pas que la reine d'Espagne ait engagé ce dernier à faire périr son fils Ferdinand VII sur l'échafaud, on doutera aussi de tout ce qui, dans le récit de M. de Pradt, s'écarte de celui de D. J. Escoiquiz. (*Note de l'éditeur.*)

peines qu'on appliquait naguères par extension
à ceux qu'on qualifiait du titre d'*émigrés.*

Pénétré de ces motifs, certain que la nullité
de l'acte serait évidente, le conseil fut d'avis
d'accorder la cession réclamée. Charles IV
s'en servit pour le traité signé à Bayonne, le 5
mai 1808, par le grand-maréchal Duroc et le
prince de la Paix (1), et ratifié ensuite par
lui et par l'empereur ; acte d'autant plus nul
qu'on n'en avait aucunement référé à la nation
espagnole.

Bientôt l'empereur menaça de la mort le
roi Ferdinand et les infants D. Carlos et D.
Antonio, s'ils ne renonçaient pas à leurs droits
à la succession au trône, en qualité de prince
des Asturies et d'infants. Les princes cédèrent
au maréchal Duroc, qui leur parla dans les
mêmes termes au nom de son maître. Ils le
firent sans avoir pris aucun avis, et sous les
conditions d'un traité que je signai, par leur
ordre, avec le maréchal Duroc, à Bayonne,
le 10 mai de la même année (2). Cet acte fut
ratifié par leurs Altesses à Bordeaux, lors-

(1) Voyez ce traité dans l'*Exposé de D. Cevallos*, pag. 134.
(2) Voyez l'ouvrage précédemment cité, pag. 140.

(*Notes de l'éditeur.*)

qu'elles traversèrent cette ville en allant à Valençai (1).

Leur conduite fut sage ; elle ne pouvait
nuire à leur honneur. La violence en était la
cause ; elle n'entravait nullement les efforts
que pourraient tenter leurs sujets fidèles, éclai-
rés par la proclamation qui annonça la dernière cession. Je rédigeai cette pièce dans l'appartement du grand-maréchal Duroc. C'était
plutôt un appel aux fidèles Espagnols pour soutenir la cause de leurs princes légitimes, qu'une
invitation à recevoir de nouveaux souverains,
et j'éprouvai un véritable étonnement que
Napoléon, à qui je la soumis, et le grand-maréchal Duroc n'en aient point soupçonné l'ar-
tifice (2).

---

(1) Voyez, dans l'ouvrage précédemment cité, la renonciation des princes au trône d'Espagne.

(2) Voyez la dernière des *Pièces justificatives.*

(*Notes de l'éditeur.*)

CHAPITRE V.

Suite du chapitre IV, et réponse au Sermon préché à Cadix contre ceux qui partagèrent la captivité du Roi à Valençai, notamment contre le duc de San-Carlos et D. Juan Escoiquiz.

Depuis l'époque où S. M. était montée sur le trône jusqu'au traité de Bayonne, ratifié à Bordeaux lors du voyage de Valençai, les conseillers du roi et moi avions déployé toutes les ressources qu'offre la prudence humaine. Mon récit succinct et sincère doit en convaincre et nous justifier de n'avoir pu obtenir un succès dépendant tout-à-fait de la Providence, et placé par conséquent au-dessus des combinaisons des hommes.

Je parlerai encore de ma conduite, non pas pour me louer, mais afin de me défendre d'imprudence et d'inconséquence. Que pouvait-on attendre de plus que ce que j'ai fait, d'un homme sans ambition, dont le faible mérite, estimé par ses maîtres, l'avait appelé à la direction des affaires diplomatiques? Je n'acceptai aucune des dignités qu'on m'offrit lorsque je fus rappelé de mon exil du Tardon; j'osai, en 1797 et 1798, écrire et parler au

5..

roi Charles et à la reine, relativement aux maux qui pesaient sur l'Espagne : j'étais gouverneur du prince; je perdis mon emploi, et l'exil m'éloigna de la cour.

Le procès de l'Escurial a fait connaître que je ne négligeai aucun des moyens que pouvait se permettre un sujet fidèle pour renverser Godoy; que je défendis, en hasardant ma tête, le prince qui avait toutes mes affections. Je me prononçai fortement à Bayonne, en m'exposant à périr pour le roi et pour la patrie. L'empereur lui-même fut étonné de mon énergie. Plusieurs Français distingués, M. de Champagny notamment, n'oublieront pas qu'un jour qu'on avait manqué au roi et à l'infant Don Carlos (1), je m'écriai :

« Vous qui vous vantez d'être la nation la » plus polie de l'Europe, vous abusez de la » force : les peuples les plus barbares ne tien- » draient point une conduite pareille à celle que » vous tenez à l'égard des princes espagnols.

---

(1) Ferdinand VII et les infants habitaient, à Bayonne, une autre maison que celle où Charles IV et la reine avaient été placés. Les princes se rendaient un jour à pied et sans suite chez leur père, lorsque des gendarmes déguisés, croyant qu'ils fuyaient, les arrêtèrent; et l'un d'eux osa porter la main sur l'infant D. Carlos. Voilà l'insulte dont parle l'auteur.

(*Note de l'éditeur.*)

» L'Espagne vengera ses injures; elle rendra
» cent fois les outrages qu'on lui prodigue.
» Bientôt, peut-être, un changement inat-
» tendu amènera l'instant de la vengeance. »

L'indignation m'animait; j'oubliais les périls
dont j'étais environné. La conduite de l'empereur m'étonna : au lieu de m'anéantir, il en-
joignit à l'évêque de Poitiers de m'informer
en son nom qu'il était touché de l'insulte faite
au roi; qu'elle était l'effet de la fausse interprétation d'un ordre; mais qu'il avait prévenu
de semblables choses pour l'avenir, par les in-
jonctions les plus sévères (1).

Mes avis avaient été constamment inspirés
par mon amour vraiment paternel pour le roi,
par le sentiment de ma gloire et ce que je devais
à la confiance dont j'étais honoré : ils furent dic-
tés par l'expérience que me donnaient mes connaissances. Mon intérêt, si j'eusse eu de l'égoïs-
me, mes études littéraires s'opposaient à ce
que raisonnablement on pût m'accuser de légè-

---

(1) M. de Pradt parle, pag. 145 et 146 de ses *Mémoires sur
la révolution d'Espagne*, de la manière dont il donna la satisfaction ordonnée par Napoléon. Il peint l'indignation dont
D. J. Escoiquiz était animé au souvenir de l'insulte faite à ses
princes, des imprécations énergiques et des menaces qu'il fit
entendre hautement contre l'auteur de leur captivité.

(*Note de l'éditeur.*)

relé ou d'ignorance. J'avais tout à perdre dans
le malheur du roi.

Une erreur, que ne pouvait éviter la prudence
des hommes, fut commise par tout le con-
séil, et l'on ne croira pas qu'honoré de la
considération de l'Espagne, de la confiance de
mon prince, j'aie pu tout-à-coup montrer une
crédulité absurde, si différente de ce que j'a-
vais prouvé dans ma vie politique et privée.

J'invoquerai ici le témoignage du roi et des
infants D. Carlos et D. Antonio ; je rappellerai
mon exil à Bourges où Napoléon me fit retenir
quatre ans et demi, avant de me réunir aux
princes dont il m'avait séparé à Valençai.

J'ai appris qu'on avait imprimé à Malaga, et
réimprimé à Valence, en 1814, l'extrait d'un
sermon patriotique et moral du senor Ostolaza,
connu par son zèle contre l'anarchie. Cet écrit
inculpe gravement le duc de San-Carlos et moi.
On y lit que des *maniganceurs* me portèrent
à faire visite au ministre Champagny , erreur
commise déjà par Cevallos ; que le prince de
Bénévent est un monstre impie, confident de
Buonaparte , et qui accepta la mission infâme
de séduire les princes , à l'aide de sa femme
(hérétique ainsi que son mari , indécente
comme une comédienne), afin de les porter à
épouser des Polonaises, des Anglaises ou des

Françaises du même caractère que la princesse ;
que le prince Talleyrand est un véritable ennemi des Bourbons ; qu'il me fit signer, ainsi
qu'aux autres Espagnols, une lettre de félici-
tations à Joseph ; qu'il nous fit aller à Paris ;
nous leurra, San-Carlos et moi, d'un projet de
mariage conçu par l'empereur, pour Ferdinand, pendant la captivité de Valençai, et
que je contribuai au renvoi des Espagnols qui
composaient la suite des princes.

J'ai dîné chez M. de Champagny, à Bayonne,
et je ne l'ai jamais entretenu d'affaires que par
ordre du roi. Je ne discuterai pas si le prince
Talleyrand a de la religion ou n'en a point. On
ne le considère pas comme un impie dans sa
patrie : il est sécularisé et marié par autorisation du pape. Le senor Ostolaza est-il en droit
de se faire rendre compte des motifs de la décision de S. S. à laquelle chacun doit se soumettre ? La princesse sa femme a toujours témoigné les plus grands égards aux princes ;
elle a constamment gardé le décorum convenable à son rang ; elle a rempli publiquement
les devoirs d'une bonne catholique ; on ne l'a
pas critiquée en ma présence : ainsi, sa conduite extérieure, la seule d'ailleurs dont on
puisse juger, est exempte de blâme.

La princesse avait près d'elle une fille natu-

relle du prince, de 10 à 12 ans, et qu'elle ai-
mait beaucoup; une bonne, Anglaise, de 3o ans
et d'une figure peu piquante; une dame de
compagnie, Bohémienne ou Polonaise, dont le
mérite n'était pas celui de la beauté, la mar-
quise de Guadalcazar, ayant alors 15 ans, et
maintenant veuve d'un homme très chatouil-
leux sur le point d'honneur; de plus, elle élevait deux demoiselles de 16 à 17 ans (1), filles
d'un chevalier français, émigré rentré, sans fortune. On n'aura pas de soupçon sur leur compte, quand on saura que la princesse veillait elle-
même sur leur conduite, et que la plus jolie est
devenue à 21 ans sœur de la Charité. Les bals de
nuit auxquels toute la suite du roi et la maison
du prince Talleyrand prirent constamment part,
les comédies *bourgeoises*, jouées pour amuser
le roi et les infants, furent toujours très dé-
cents; la disgrâce du prince de Bénévent, et sa
conduite envers Napoléon, prouvent son dévouement aux Bourbons. On saura, ce qu'ignorait le senor Ostolaza, comment et pourquoi la
lettre à Joseph fut signée, et les motifs du voyage que je fis à Paris avec le duc de San-Carlos.
Les Espagnols furent renvoyés de Valençai par
l'effet des menées de mon parent éloigné, D. Juan

(1) Mlles. de Rostaing. (*Note de l'éditeur.*)

Gualberto Amezaga, intrigant consommé que je vis pour la première fois en France, qui parvint à se faire nommer grand-écuyer de Ferdinand VII, et à obtenir de la police de l'empereur qu'on envoyât San-Carlos en surveillance à Lons-le-Saulnier, et moi à Bourges.

Lorsque le prétendu congrès de Bayonne eut, par crainte, ou par intérêt, reconnu un roi intrus, le prince de Bénévent fut chargé d'inviter les Espagnols, réunis au roi à Valençai, à prêter serment de fidélité à Joseph Napoléon. Le prince de Bénévent exécuta cet ordre, quoiqu'il fût publiquement disgracié, et qu'il eût déjà pour le tyran cette haine profonde, qu'il a prouvée si honorablement en préparant, de tout son pouvoir, la restauration du trône des Bourbons.

Repousser sa proposition eût été livrer tout-à-fait S. M. et LL. AA. les infants à Napoléon qui les eût environnés de Français à ses ordres, et dont le dévouement à ses volontés pouvait avoir les suites les plus funestes. Pour accorder notre répugnance, et ce que la prudence prescrivait, j'écrivis, d'après l'avis de S. M. et des princes, au roi intrus, une lettre conçue dans les termes les plus mesurés.

Le prince de Bénévent nous prévint, peu à près, que l'empereur demandait une nouvelle renonciation de Ferdinand, et qu'après l'avoir reçue, il l'enverrait au Mexique avec le roi son père, la reine, les infants D. Carlos, D. Antonio et D. Francisco, l'infante Dona Maria Louise, sa famille et tous les autres membres de la famille de Bourbon qu'on pourrait réunir. Il espérait ainsi éloigner par l'appât d'états dans le Nouveau-Monde, ceux qu'il regardait comme ses ennemis. Le roi m'envoya à Paris ainsi que le duc de San-Carlos, pour suivre cette négociation.

Nous ne perdîmes pas un instant pour nous rendre à notre destination, et vérifier si Napoléon aurait la folie d'exécuter ce projet inconcevable. Il était évident que Ferdinand, en liberté, aurait pu trouver, chez ses sujets du Nouveau-Monde, des moyens certains de rendre nulle, en rentrant en Europe, une cession absolument illusoire.

Mais la réflexion vint éclairer l'empereur ; il prolongea le temps auquel il devait nous recevoir ; ses ministres nous traitèrent comme des ambassadeurs, mais nous fûmes exilés sur notre refus de nous faire présenter par le duc de Frias, ambassadeur de l'intrus Joseph.

Malgré des dangers sans nombre et la vigilance d'une police très active, nous eûmes plusieurs conférences dans différentes maisons, notamment, chez M. le prince de Bénévent, avec les ambassadeurs d'Autriche (1) ; de Russie, de Prusse, et de quelques états de la confédération du Rhin; nous les excitions à porter leurs souverains à secouer le joug de l'empereur, et nous servions le roi en cherchant à prévenir la ruine de l'Espagne.

La guerre que préparait alors l'Autriche fut ainsi accélérée; et, malgré ses suites malheureuses, elle soulagea, par une division des forces françaises, l'Espagne accablée dès long-temps.

Nos efforts avaient pour but de produire cette coalition célèbre, qui a renversé l'usurpateur. Que n'aurions-nous pas eu à redouter s'il eût connu de semblables projets? Un simple soupçon, conçu à son retour d'Erfurt, le porta à menacer de son courroux, le prince de Bénévent et M. Fouché, ministre de la police qu'il croyait, occupés à conspirer pour les Bourbons.

J'analyserai, dans le chapitre suivant, le dernier de cet ouvrage, ce qui eut lieu à Valençai, lorsque M. le comte de la Forest y parut, et dès l'origine de la négociation qui a rendu le trône à notre bien aimé roi.

---

(1) J'eus, dans le cabinet d'histoire naturelle du jardin des Plantes, une conférence avec M. de Metternich, ambassadeur d'Autriche.

(*Note de l'auteur.*)

CHAPITRE VI.

Derniers instants de la captivité du Roi ; négociation à l'occasion de son retour en Espagne ; départ de Valençai.

Un journal, tenu de la manière la plus exacte, écrit de la main d'un auguste prince, servit à la rédaction de ce chapitre, qui n'en est que l'extrait. Il fera connaître les vertus de Ferdinand VII, et des infants détenus avec lui.

Il s'était écoulé quatre ans et demi depuis qu'on les avait séparés des Espagnols de leur suite, et entourés de serviteurs français qui ne leur inspiraient aucune confiance. En butte aux soupçons et à mille désagréments excités par la misérable politique d'un gouvernement inquiet et cruel, ils vivaient dans leur solitude lorsque Napoléon adressa au roi la lettre suivante, qui lui fut remise le 17 novembre 1813, en présence des infants, par M. le comte de la Forest, qui prenait alors le nom de M. *Dubosque.*

« Mon Cousin,

» L'état de mon empire et ma politique m'engagent à terminer sans retour les affaires de

» l'Espagne. L'Angleterre y excite l'anarchie
» et le jacobinisme; elle cherche à renverser le
» trône et la noblesse pour y créer une républi-
» que. Je ne peux, sans être ému, penser à l'a-
» néantissement d'une nation qui m'intéresse,
» et par son voisinage et par nos intérêts com-
» muns concernant le commerce des mers.

» Je souhaite rétablir les relations de bon voi-
» sinage et d'amitié qui ont si long-temps existé
» entre la France et l'Espagne. Je desire ne
» laisser aucun prétexte à l'ambition de l'An-
» gleterre.

» M. le comte de la Forest se présentera à
» V. A. R. sous un nom supposé; elle peut croire
» tout ce qu'il lui dira, ainsi qu'à l'estime et à
» l'attachement que j'ai voués à A. V. R.

» Mon cousin, cette lettre n'ayant d'autre
» fin, je prie Dieu qu'il accorde à V. A. de
» longues années.

» Votre Cousin,

» NAPOLÉON. »

Saint–Cloud, 12 novembre 1813.

Cette lettre fut lue en particulier par S. M.
et LL. AA. RR.; après quelques instants de
réflexion, elles accordèrent une audience au
comte de la Forest, qui s'adressa en ces termes

à S. M., en lui donnant seulement le titre d'Altesse ; l'empereur ne le reconnaissant pas
comme roi.

  « L'empereur m'a ordonné de me présenter
» devant V. A., sous un nom supposé, afin que
» ma mission fût secrète. Je suis chargé d'as-
» surer V. A. que S. M. souhaite vous rappro-
» cher de vos augustes parents; il tenta à cet effet
» des efforts infructueux à Bayonne. L'Espagne
» est en proie à l'anarchie, et au jacobinisme.
» Sa noblesse déchue, son clergé anéanti,
» sa marine sans ressources, ses colonies en
» pleine révolte ; voilà ce qu'ont produit les
» Anglais qui se servent du nom de V. A., et
» l'invoquent contre son gré, pour substituer
» la république à la monarchie, à l'aide des cor-
» tès. Les véritables Espagnols gémissent sur le
» sort de leur patrie; ils demandent la sûreté
» des propriétés et le rétablissement de l'ordre.
» L'empereur a entendu leurs plaintes ; il
» m'a chargé de les faire connaître à V. A.,
» afin de régler avec elle l'intérêt bien entendu
» de la France et de l'Espagne qui demande
» d'être gouvernée par un souverain du mérite
» de V. A. On m'a confié la mission dont je
» m'acquitte à cause de l'expérience qu'on sup-
» pose que quarante ans de travaux diplomati-
» ques et d'habitude des cours m'ont donnée. Je

» je ne négligerai rien pour plaire à V. A. pen-
» dant tout le cours de cette négociation ; je la
» prie d'aider à ce que je conserve le plus sé-
» vère *incognito*. Mon nom étant connu, ma pré-
» sence ici inquiéterait les Anglais, qui ten-
» teraient tout pour s'opposer aux résultats
» heureux, que l'accord de V. A. et de l'empe-
» reur peuvent produire. »

S. M. répondit qu'une chose de cette importance exigeait d'être mûrement et longuement
examinée ; que lorsqu'elle jugerait convenable
de s'en occuper, elle en ferait prévenir le
comte de la Forest.

Mais le jour suivant et sans aucun avertisse-
ment de S. M., le comte de la Forest demanda
et obtint une audience. Interrogé sur les projets
de l'empereur, il répéta ce qu'il avait dit la
veille sans parler cependant du projet supposé qu'avaient les Anglais de faire de l'Espagne une république ; il termina en disant :
« Si V. A. accepte le royaume d'Espagne, il
» faut qu'elle s'entende avec l'empereur pour
» en chasser les Anglais. » Le roi, d'accord
avec les princes, répondit : « Que, dans l'état
» où il était à Valençai, il ne lui était pas
» possible de faire un traité à l'égard duquel,
» dans tous les cas, la régence, qui représen-
» tait la nation, devait être consultée. Le

comte de la Forest répliqua : « Qu'il n'entrait
» point dans les idées de l'empereur de rien
» décider sans l'avis de la nation ; mais qu'il
» souhaitait que les grands intérêts dont il s'a-
» gissait fussent discutés sans retard. »

Le roi persista dans sa réponse, en ajou-
tant : « Qu'il ne connaissait depuis long-temps
» ce qui se passait en Espagne, qu'au moyen
» des journaux de France. » Le comte de la
Forest parla alors pendant environ un quart
d'heure pour prouver l'exactitude et la véracité
des journaux ; il s'arrêtait quelquefois comme
pour trouver des expressions de vérité, em-
barrassé par la perspicacité que le roi et les
infants montraient en suivant son récit qu'ils
paraissaient soupçonner avoir été préparé dans
le dessein de les surprendre. Il termina en disant : « L'homme né pour (1) être roi ne peut
» avoir une volonté toute à lui : il ne ressem-
» ble nullement au simple particulier, maître de
» choisir tel ou tel genre de vie. Qui peut re-
fuser d'ailleurs une couronne ? mais si celui
qui est appelé à la porter déclarait cependant

(1) La bonne foi et l'équité de M. de la Forest luttaient alors
dans son cœur contre le sentiment d'obéissance qu'il croyait
devoir au tyran : de-là sans doute le trouble qui l'agitait.
(*Note de l'auteur.*)

formellement « *Qu'il entend renoncer à toute*
» *dignité, dans le dessein de vivre en simple*
» *particulier* », l'affaire ne serait plus la
même. « Si V. A. a de pareilles intentions,
» l'empereur changera de projets; si elle est
» animée d'autres sentiments, comme j'ai tout
» lieu de le croire, il est nécessaire qu'elle
» nomme un des Espagnols qui sont en France,
» pour établir les bases de la négociation. »

Le roi répondit avec calme : « Qu'il était ab-
» solument nécessaire qu'il réfléchît sur un
» sujet de cette importance. » — « Lorsqu'il
» s'agit d'une couronne, répliqua l'envoyé, la
» résolution est bientôt prise; la seule règle à
» suivre alors est ce qu'indique la politique. »

Les princes répondirent tous : « Nous n'a-
» vons pas cette opinion, et l'on ne peut trop
» réfléchir avant de se charger du poids qu'im-
» pose la royauté. » Ceci est digne de Salomon.

Le lendemain, le comte de la Forest eut
une nouvelle audience. S. M. lui parla en ces
termes : « J'ai pensé mûrement à tout ce que
» vous m'avez dit; je ne peux dans la situation
» où l'empereur m'a placé traiter sans la par-
» ticipation de la régence; je demande qu'il
» en obtienne une députation dont j'apprendrai
» la situation de l'Espagne que ceux qui m'en-

Exposé des Mot.   6

» vironnent ignorent, ainsi que moi (1) : voilà
» le seul moyen de consacrer toutes nos con-
» ventions. Rapportez à l'empereur que ma
» conscience défend toute autre chose. » Les
infants appuyèrent S. M.

M. de la Forest se retira, après avoir cherché
à prouver que l'Angleterre protégeait la maison de Bragance, et voulait la porter sur le
trône d'Espagne, en y mettant d'abord la princesse du Brésil.

Le roi annonce dans son journal, qu'il lui
fut demandé quelle serait sa conduite s'il ren-
trait dans ses états, et s'il ferait la guerre à la
France ; il répondit qu'il estimait beaucoup
Napoléon, mais qu'il tiendrait toujours les intérêts de l'Espagne, qu'il desirait une députation de la régence, et qu'il signerait au besoin le
traité que l'empereur ferait avec elle, si ce dernier
le jugeait convenable. Le jour suivant, S. M. re-
mit la réponse suivante pour l'empereur:

« Sire, j'ai reçu par le comte de la Forest la
» lettre que V. M. m'a fait l'honneur de m'a-
» dresser le 12 de ce mois. Je lui témoigne ma
» reconnaissance de ce qu'elle pense faire

(1) C'était l'exacte vérité. (*Note de l'auteur.*)

» cesser, par mon intermédiaire, les troubles
» d'Espagne.

» V. M. I. m'annonce que l'Angleterre y
» excite l'anarchie et le jacobinisme, cher-
» che à y renverser le trône et la noblesse pour
» créer une république; qu'elle ne peut, sans
» être émue, penser à l'anéantissement d'une
» nation qui l'intéresse et par son voisinage,
» et par des intérêts communs concernant le
» commerce des mers.

» Je persiste dans mes réponses faites de vive
» voix à M. le comte de la Forest.

» Je ne varie point dans mon attachement et
» dans mon respect pour V. M. I.; mais elle m'a
» fait conduire à Valençai, et je ne peux plus
» rien sans la nation espagnole : je demande
» d'entendre par votre moyen une députation
» de la régence (1), qui m'instruise de l'état du
» royaume, indique le remède aux maux qu'il
» peut éprouver, et consolide ainsi nos accords
» aux yeux de mes sujets.

» Si la position de l'empire et la politique de
» V. M. la portent à rejeter ces conditions, je
» resterai comme par le passé, à Valençai où
» je suis depuis cinq ans et demi, et j'y mourrai
» si Dieu le veut.

_____

(1) Nous ne savions pas ce qui se passait en Espagne.
(*Note de l'auteur.*)

6..

» Il m'est pénible de m'exprimer ainsi ; mais
» ma conscience l'ordonne. Je porte un intérêt
» égal aux Anglais et aux Français ; mais je
» préfère ma nation à tout, et je donne ici une
» nouvelle preuve de ma franchise et de mon at-
» tachement pour V. M. I. qui m'accuserait d'in-
» conséquence, si je promettais ce que je ne pour-
» rais tenir ; elle et l'Europe me taxeraient alors,
» justement de légèreté, et je mériterais même
» le mépris.

» Je suis très satisfait du comte de la Forest,
» qui, sans nuire à vos intérêts, a gardé avec soin
» tous les égards qui me sont dus. »

Mes frères et mon oncle me demandent de
les mettre aux pieds de V. M. I. et R.

Je prie Dieu, Sire, qu'il vous donne de
longues années.

FERDINAND.

Valençai, le 21 novembre 1813.

Cette réponse qui peint si bien le courage et
la fermeté du roi, causa la plus grande surprise à M. de la Forest ; elle partait du jugement
le plus sain ; le plus habile politique n'aurait
pas mieux fait, et l'on savait que S. M. n'avait
pu la concerter qu'avec les infants.

L'auguste auteur dont j'ai tiré ces renseignements ajoute : « Après avoir reçu ma réponse,
» le comte de la Forest dit qu'il avait réfléchi à

» mes prétentions, et qu'elles lui paraissaient
» fondées; mais il insista pour savoir si je trai-
» terais avec l'empereur avant ou après m'être
» entendu avec la régence; il me fit observer
» qu'en traitant avant, il n'y avait nul doute
» que la régence n'approuvât tout; qu'en trai-
» tant après, on aurait perdu un temps précieux;
» que si nous voulions faire la guerre à l'empe-
» reur, il préférait me retenir, et la continuer
» comme par le passé. Je répondis, ou qu'il avait
» mal compris, ou que je m'étais mal expliqué;
» qu'au résultat je ne prenais aucun engage-
» ment; *que je serais ami des Français si l'in-*
» *térêt de l'Espagne le commandait; que, dans*
» *le cas contraire, je m'unirais aux Anglais.*
» Je déclarai que si cela ne convenait pas à
» l'empereur, nous resterions à Valençai, jus-
» qu'à ce que Dieu nous délivrât; j'ajoutai
» même : *je fais ici ce que l'empereur ferait*
» *à ma place.* »

Voilà quelle fut la conduite de S. M. jusqu'à
ce que l'empereur, désirant un intermédiaire
qui eût la confiance du roi, envoya San-Carlos
à Valençai. Son arrivée ne changea rien. Il admira la conduite du roi et y applaudit. Après
différentes conférences entre S. M., les infants,
le duc de San-Carlos, et le comte de la Forest, il
fut convenu que les deux derniers, munis des

pleins pouvoirs de leurs souverains respectifs,
rédigeraient et signeraient un traité que le duc
de San-Carlos porterait à Madrid, et qui ne serait ratifié par le roi qu'après sa communication
à la régence.

C'était la suite du système de S. M., qui avait
déclaré ne pouvoir, dans sa situation, stipuler
sans le concours de la régence, persuadé qu'un
traité, quel qu'il fût, ne réunirait toutes les formes nécessaires, qu'après qu'il l'aurait ratifié
en toute liberté et hors de France.

Le 13 décembre, le duc de San-Carlos et le
comte de la Forest signèrent le traité suivant:

« S. M. C. et S. M. l'empereur des Français,
» roi d'Italie, etc., etc., desirant faire cesser
» les hostilités et établir une paix durable entre
» les deux puissances, ont nommé, pour leurs
» plénipotentiaires, savoir : S. M. Ferdinand
» VII, D. Joseph-Michel de Carvajal, duc de
» San-Carlos, comte du Port, grand courrier des
» postes des Indes, grand d'Espagne de la pre-
» mière classe, grand majordome de S. M. C.,
» lieutenant général des armées royales, cham-
» bellan en exercice, grand'croix et comman-
» deur de différents ordres, etc., etc.; et S. M.
» l'empereur et roi, Antoine Réné-Charles-
» Mathurin, comte de la Forest, conseiller d'é-
» tat, grand officier de la légion d'honneur,

» grand'croix de l'ordre impérial de la réu-
» nion, lesquels, après l'échange de leurs pou-
» voirs, sont convenus des articles suivants :

» Art. Ier. A dater de la ratification du pré-
» sent traité, il y aura paix et amitié entre
» S. M. Ferdinand VII, et ses successeurs, et
» S. M. l'empereur et roi, et ses successeurs.

» II. Les hostilités, sur terre et sur mer, ces-
» seront pour le continent, aussitôt après l'é-
» change des ratifications; sur les mers des cô-
» tes de l'Espagne et sur les mers d'Afrique,
» en deçà de l'équateur, quinze jours après;
» dans les pays et sur les mers d'Afrique et
» d'Amérique au-delà de l'équateur, quarante
» jours après l'échange; et, dans les trois mois
» suivants, dans tous les pays, et sur les mers
» situées à l'orient du cap de Bonne-Espérance.

» III. S. M. I. reconnaît Ferdinand VII et ses
» successeurs comme roi d'Espagne et des In-
» des, suivant l'ordre d'hérédité établi par les
» lois fondamentales de l'état.

» IV. S. M. I. et R. reconnaît l'intégrité de
» l'Espagne telle qu'elle était avant la guerre
» actuelle.

» V. Les provinces et les places, en cet ins-
» tant au pouvoir des Français, seront remises,
» telles qu'elles se trouvent, aux gouverneurs

» et aux troupes espagnoles envoyées par le
» roi.

» VI. S. M. Ferdinand s'engage aussi à main-
» tenir l'intégrité de l'Espagne, des îles, places
» et présides, et spécialement de Mahon et de
» Ceuta ; il fera retirer l'armée anglaise et les
» gouverneurs qu'elle a établis.

» VII. Un commissaire français et un com-
» missaire espagnol rédigeront une convention
» militaire, pour que les Anglais évacuent,
» sans retard, les provinces espagnoles en leur
» pouvoir.

» VIII. S. M. C. et S. M. I. et R. s'engagent
» mutuellement à maintenir leurs droits mari-
» times, conformément au traité d'Utrecht, et
» tels qu'ils ont existé jusqu'en 1792.

» IX. Tous les Espagnols qui ont servi la cause
» du roi Joseph, en exerçant des fonctions ci-
» viles ou militaires, ou en le suivant, seront
» réintégrés dans leurs droits, honneurs et
» prérogatives ; ils rentreront dans la propriété
» de leurs biens; ils pourront les vendre, et,
» au cas où ils voudraient quitter l'Espagne,
» un délai de dix ans leur est accordé à cet ef-
» fet ; et, pour qu'ils créent, avec plus de faci-
» lité, de nouveaux établissements, ils jouiront
» de tout droit de succession en Espagne, et

» pourront disposer, sans aucune redevance,
» des biens qu'ils acquerraient de cette ma-
» nière.

» X. Tous les biens meubles et immeubles
» que les Français et les Italiens avaient en Es-
» pagne avant la guerre, leur seront rendus.
» Pareillement tous les biens des Espagnols sé-
» questrés en France ou en Italie, leur seront
» restitués; des commissaires, nommés de part
» et d'autre, prononceront sur l'exécution de
» ces articles. Ils décideront les difficultés qui
» s'élèveraient relativement aux acquisitions
» faites pendant la guerre.

» XI. On rendra réciproquement les prison-
» niers détenus dans les dépôts ou qui auront
» pris du service. Ces derniers ne le seront pas
» cependant, s'ils déclarent, devant un com-
» missaire de leur nation, vouloir rester où ils
» se trouveront.

» XII. La garnison de Pampelune, les pri-
» sonniers de Cadix, de la Corogne, des îles de
» la Méditerranée, ou de tout autre dépôt, qui
» seraient au pouvoir des Anglais, et transportés
» en Angleterre ou en Amérique, recouvre-
» ront leur liberté.

» XIII. S. M. Ferdinand VII s'oblige à
» faire au roi Charles IV et à la reine une
» pension annuelle de trente millions de réaux,

» payable de trois en trois mois. Après la mort
» du roi, il restera à la reine, pendant son
» veuvage, une rente de deux millions de francs.

» Les Espagnols de la suite du roi et de la
» reine resteront, s'ils le desirent, hors d'Es-
» pagne, partout où LL. MM. jugeront con-
» venable.

» XIV. Les deux puissances contractantes
» feront un traité de commerce. Jusque-là,
» leurs relations commerciales subsisteront
» comme avant la guerre de 1792.

» XV. Les ratifications du présent traité se-
» ront échangées à Paris dans un mois, et plus
» tôt s'il est possible.

» Fait et signé à Valençai, le 8 décembre 1813.

» Le duc DE SAN-CARLOS.

» Le comte DE LA FOREST. »

Le duc de San-Carlos se disposant à partir
bientôt, le roi lui accorda des lettres de créan-
ce. C'était une lettre adressée à la régence, et
qui a été imprimée dans les journaux espagnols,
de plus une instruction que le gouvernement
de France pouvait voir sans inconvénient.

S. M. voulait ne pas aigrir les Français, par
une délicatesse intempestive. Elle espérait, de
la négociation, son rétablissement sur le trône,

lors même que la régence ne ratifierait pas le traité. Les deux pièces dont il s'agit ici paraissaient en conséquence écrites pour exiger d'autorité la ratification du traité ; mais le duc de San-Carlos reçut verbalement une instruction secrète.

Il était chargé, 1º. de s'assurer de l'esprit de la régence et des cortès ; et, dans les cas où, comme S. M. l'espérait, il n'y trouverait ni rébellion, ni jacobinisme, sa mission consistait à informer très secrètement la régence que S. M. souhaitait la ratification du traité, si les engagements pris par l'Espagne avec les coalisés contre la France, ainsi que son honneur et son intérêt, ne s'y opposaient pas formellement.

2º. De s'entendre avec la régence, pour qu'au besoin, elle concourût au traité, mît les Anglais dans la confidence, que S. M. ne le ratifierait pas de retour en Espagne, et cela sans qu'il fût permis de s'en plaindre, vu qu'il avait pour cause une violence évidente.

3º. De ne parler franchement à la régence, qu'en cas où elle serait composée de sujets fidèles. S'il en était autrement, le duc devait insister sur la ratification du traité que S. M. ne tiendrait toujours pas, si lors de son retour il était de l'intérêt de l'Espagne de continuer la guerre avec la France.

Toutes les précautions se trouvaient prises

pour que le gouvernement français ne pût apprendre, par la régence, les véritables desseins du roi.

Le 11 décembre, le duc de San-Carlos se mit en route sous le nom de *Ducos*. D. Pedro Macanaz, rappelé près du roi, par ordre de l'empereur, continua les négociations avec le comte de la Forest ; bientôt D. Joseph de Zayas, maréchal de camp, Don Joseph de Palafox, lieutenant-général et moi parûmes encore à Valençaï, par ordre de l'empereur. Le 14, jour de mon arrivée, je fus chargé de négocier avec le comte de la Forest, qui restait toujours soigneusement caché.

Pour hâter les affaires, et prévenir tout retard, on lui proposa d'expédier, pour Madrid, par D. Joseph Palafox, le duplicata des instructions confiées au duc de San-Carlos. Le nouvel envoyé se mit en route, le 24, sous le nom de *Taysier*. Il devait très secrètement voir l'ambassadeur d'Angleterre en Espagne, le remercier de la conduite de son gouvernement, et lui faire part des dispositions secrètes de S. M ,pour qu'il n'entravât pas la négociation avec la régence.

En attendant le retour des deux envoyés, nous faisions des vœux pour la réussite de nos espérances, et nous cherchions à mettre dans nos intérêts le comte de la Forest. Quarante

jours se passèrent sans que le duc parût aux
avant-postes de l'armée espagnole de Catalogne. Ce retard nécessité par le voyage de Cadix,
que firent la régence et les cortès, nous in-
quiétait ; mais les princes et S. M. montrèrent
constamment le plus grand calme, et nous rail-
laient même sur nos craintes., tant ils étaient
parvenus à se maîtriser.

Pour ne pas perdre de temps, avec l'autorisation du roi nous engageâmes M. de la Forest
à persuader à l'empereur que S. M. C. lui saurait un gré infini de la laisser retourner en Espagne sans obstacles , que la paix en serait la
suite nécessaire. Il était probable, mais il n'était
pas certain qu'il y aurait opposition de la part
des alliés; et, dans le doute, c'était une bonne
œuvre de tromper adroitement un homme
aussi fourbe que Napoléon.

Voici les raisons qui furent employées pour
démontrer au comte de la Forest, que notre
proposition était infiniment avantageuse à l'empereur, tout en favorisant notre roi.

1°. S. M. I. donnerait ainsi une satisfaction
pour ses torts envers le roi, se l'attacherait par
sentiment, bien plus sûrement que par des sti-
pulations qu'on pourrait, sans contredit, an-
nuler à volonté, une fois rentré en Espagne.

2°. Les alliés croiraient que l'empereur voulait fermement la paix , et agiraient en conséquence. S'il en était autrement, les Français, qu'indignait la guerre d'Espagne, la voyant finir, ne négligeraient rien, par reconnaissance, pour chasser les ennemis de leur patrie.

3°. S. M. C. une fois en liberté, et persuadée avec les Espagnols sensés qu'il fallait être d'accord avec la France, répandrait cette opinion dans la Péninsule.

4°. Si le roi, rentré en Espagne, continuait la guerre, il la ferait mollement, persuadé que son intérêt s'opposait au démembrement de la France, boulevard de ses états du continent.

5°. L'arrivée du roi dans ses états, la succession de son autorité au gouvernement de la régence, donneraient une telle secousse à l'Espagne, qu'il lui serait impossible, quand même il le voudrait , de continuer la guerre telle qu'elle se faisait alors.

6°. La captivité du roi était contraire aux intérêts de l'empereur à qui elle coûtait 360 mille réaux par mois, somme exorbitante pour la pénurie de la France, et qui s'augmenterait s'il fallait transférer ailleurs S. M. et les infants, dans la crainte de les voir tomber au pouvoir des alliés dont les armées approchaient, et dont un acte de générosité pourrait obtenir de bonnes conditions pour l'empereur.

Tous ces motifs, très forts par eux-mêmes, le devinrent encore davantage par la manière dont ils furent présentés par le comte de la Forest animé du plus vif desir de réussir. Napoléon en fut frappé, et le retour du courrier qu'on lui avait expédié apporta l'ordre de prévenir le roi et les princes qu'ils pouvaient rentrer en Espagne, sans se soumettre à aucune condition, et qu'ils allaient recevoir des passeports à cet effet. Le roi régla de suite, à onze heures du matin, que, les passeports arrivés, on se préparerait au voyage, et que D. Joseph de Zayas précéderait S. M. et LL. A A. de trois ou quatre jours, afin d'avertir la régence pour qu'elle préparât une réception convenable.

A cinq heures du soir, le duc de San-Carlos arriva en toute hâte de Madrid à Valençai. Il était porteur du refus officiel de la régence de ratifier le traité, et ce refus consigné dans les journaux pouvait mettre Napoléon en courroux, et le porter à changer subitement de dispositions. M. de la Forest, animé du desir de voir les princes promptement en liberté, pensa que, malgré ses fatigues, le duc de San-Carlos devait aller de suite, à Troyes, près de l'em-

pereur qui y était alors avec son armée, et se
servir de toute son adresse pour colorer le refus
de la régence.

Le duc, en passant à Paris, vit les ministres
français, qui le firent rétrograder, persuadés
que sa démarche nuirait aux intérêts du roi.
Revenu à Valençai, M. de la Forest insista pour
qu'il en repartît, ce qui fut fait ; mais le duc,
ne trouvant pas l'empereur à Troyes, lui écrivit
une lettre conçue avec beaucoup d'art. Il rendait adroitement compte de ce qui s'était passé,
et s'excusait sur les marches continuelles de
S. M. de n'avoir pu s'en approcher assez pour
lui parler.

A la réception de cette lettre, l'empereur ordonna d'expédier les passeports sans retard (1),
et nous les reçûmes le 7 mars, à dix heures du
soir.

Je chercherais infructueusement à peindre la
joie que nous ressentîmes alors. Le lecteur trou-

(1) Le duc de San-Carlos avait eu le bon esprit, en se rendant à Madrid, de persuader au maréchal Suchet, duc d'Albuféra, qu'il était plus intéressé que personne au retour du roi
en Espagne. Cela contribua beaucoup au succès de nos affaires ;
car le maréchal, pris dans le piége, écrivit à l'empereur, en
lui donnant toutes sortes de bonnes raisons pour faire cesser la
captivité des princes. (*Note de l'auteur.*)

vera dans son imagination de quoi suppléer à mon silence. Le lendemain, nous rendîmes publiquement des actions de grâces à Dieu, pour notre heureuse délivrance. Le duc de San-Carlos arriva le 9, et S. M. fixa au 10 le départ de D. Joseph Zayas, qu'on suivrait le dimanche, 13 du mois.

Telle fut l'issue d'une négociation digne, de toutes les façons, de l'heureuse part qu'y prirent S. M. et les infants dont on ne saurait trop louer le caractère. Honorable pour la nation espagnole, elle rappellera aussi les droits du duc de San-Carlos à son estime, en faisant apprécier ses talents, son activité et son dévouement dans des voyages dont les fatigues pour une santé aussi délabrée que la sienne étaient le moindre danger. Le lieutenant-général Palafox a pareillement acquis une grande gloire aux yeux de tous, pour la célérité de son voyage qui ne fut point interrompu, malgré ses infirmités.

L'Espagne, instruite de ce qui s'est passé, rendra justice au mérite de ces deux hommes dévoués, et fera éclater l'indignation qu'a dû lui inspirer l'audace des gazetiers infâmes, qui, sans respect pour le roi, ont traité de vile, sous l'autorisation d'un vil et lâche gouvernement, l'honorable mission qu'ils reçurent de la confiance de leur prince.

Exposé des Mot.   7

Je ne peindrai aucuns des événements arrivés depuis le départ de S. M., qui eut effectivement lieu le 13 mars ; je me borne au récit
de notre captivité.

Je crois en avoir assez dit pour soutenir ma
réputation et celle de ceux qui accompagnèrent
le roi ainsi que moi. Je m'adresse ici aux lec-
teurs sensés et impartiaux que mon silence aurait pu laisser dans l'erreur ; car il serait inutile
de vouloir détromper les autres.

PIÈCES JUSTIFICATIVES.

N°. Ier.

Note adressée de Paris au prince de la Paix, par D. Eugène Yzquierdo, conseiller d'état.

Dans l'état où sont les choses, il y aurait de l'imprudence à rapporter en détail les conversations que j'ai eues depuis mon retour de Madrid, et sous l'autorisation de l'empereur, avec le grand maréchal du palais impérial, le général Duroc, et le vice-grand électeur, prince de Bénévent.

Je me bornerai donc à vous informer des moyens qu'on propose à mon gouvernement, et sur lesquels il doit se prononcer sans retard, *pour arranger, et même pour terminer, à l'amiable, les affaires qui existent entre la France et l'Espagne.*

De nombreuses troupes françaises sont en cet instant en Espagne. L'emploi qu'on en veut réellement faire est encore un mystère. Mais il est certain qu'un arrangement, utile aux deux états, pourrait arrêter les opérations déjà conçues, et devenir un traité solennel et définitif, reposant sur les bases suivantes:

1°. Les Français et les Espagnols commerceront li-

7.

brement et réciproquement, dans leurs colonies, en
payant les droits auxquels les indigènes sont assujettis.

Les autres nations ne jouiront pas de ce privilège,
exclusivement réservé aux Français et aux Espagnols.

2°. Les Français, maîtres du Portugal, ont besoin
d'une route militaire à travers l'Espagne, pour les troupes qu'ils veulent y opposer aux Anglais.

Ce chemin peut devenir une cause de dissension *qui*
n'existerait jamais, si le Portugal était cédé à l'Espa-
gne qui donnerait, en échange, à la France, des pro-
vinces contiguës à son territoire.

3°. Fixer, une fois pour toutes, l'ordre de succession au trône d'Espagne.

4°. Faire un traité offensif et défensif, qui règle le
nombre des troupes que les puissances se fourniraient
réciproquement au besoin.

Voilà les bases *d'un traité qui terminerait heureuse-*
ment la crise politique dans laquelle l'Espagne et la
France sont aujourd'hui.

Dans une discussion de cette importance, il est de mon
devoir de me borner à exécuter strictement ce dont j'ai
été chargé. Lorsqu'on traite de l'existence d'un état, de
son honneur, et de celui de son gouvernement, c'est au
souverain et à son conseil, à décider seuls. Cependant
mon amour pour ma patrie m'a porté à dire ce qui suit,
au prince de Bénévent :

1°. Ouvrir les colonies espagnoles exclusivement au
commerce français, serait les partager avec eux, et
éloigner la paix avec l'Angleterre, dont la fierté se trouverait nécessairement blessée.

Quelqu'engagement qu'on puisse prendre avec la France, on ne pourrait jamais permettre qu'au mépris de nos lois fondamentales, les Français s'établissent dans les colonies espagnoles.

2°. J'ai rappelé nos conventions du 27 octobre dernier concernant le Portugal; le sacrifice du roi d'Etrurie. J'ai parlé de l'insignifiance du Portugal, une fois dépouillé de ses colonies; j'ai retracé l'horreur qu'inspirerait, aux peuples voisins des Pyrénées, une domination étrangère, ainsi que la perte de leurs lois, de leurs priviléges et de leur langue. J'ai ajouté que je ne signerais jamais la cession de la Navarre, ne voulant pas être un objet d'exécration pour mes compatriotes.

J'ai terminé en faisant entendre qu'il serait peut-être très convenable de créer un royaume en vice-royauté *d'Ibérie* pour le roi d'Etrurie, ou tout autre infant de Castille; en laissant aux peuples, leurs lois, leurs usages et prérogatives actuels.

3°. J'ai rapporté fidèlement ce que S. M. m'avait ordonné de dire sur la succession au trône d'Espagne, et je crois avoir réussi à détruire les calomnies que des Espagnols malveillants avaient fait accueillir dans ce pays-ci.

4°. Quant à l'alliance *défensive et offensive*, j'ai, par amour pour mon pays, demandé au prince de Bénévent, si, sous ce prétexte, on ne voulait pas, en désirant un contingent de troupes, assimiler l'Espagne à la confédération du Rhin. J'ai ajouté hardiment qu'autant de temps que l'Espagne serait en paix avec la France, elle n'aurait nul besoin des troupes de cette dernière pour défendre nos foyers; que les *Canaries*, le *Ferrol*

et *Buenos Ayres* le prouvaient, que l'Afrique ne signi-
fie rien, etc., etc.

Le mariage est une affaire *convenue*; mais il sera l'objet d'une négociation spéciale : on n'en fera pas mention
dans le traité dont j'adresse les bases.

Le roi d'Espagne prendra, sans difficulté, le titre
d'empereur.

Il m'a été recommandé de presser le retour des réponses, afin d'empêcher les malheurs que pourrait
causer le moindre retard à se mettre d'accord.

On m'a recommandé d'inviter à ne faire aucun acte
d'hostilité, ni aucun mouvement qui pourrait empêcher l'heureux arrangement sur le point de se conclure.

Lorsqu'on m'a demandé si le roi avait le dessein de
se retirer en Andalousie, j'ai dit la vérité en assurant
que je n'en savais rien. Lorsqu'on a voulu savoir si S. M.
était partie, j'ai déclaré que non, en assurant que nos
souverains ont la plus grande confiance dans l'empereur.

Je n'ai pu obtenir qu'en attendant les réponses, on
suspendît provisoirement la marche des troupes françaises dans l'intérieur de l'Espagne, et qu'on éloignât de
la Castille celles qui s'y trouvent. J'ai tout lieu de croire
qu'en adoptant les bases proposées, l'armée française
s'éloignera de la résidence de LL. MM.

L'on a écrit d'Espagne que des troupes s'avançaient
sur Madrid, par Talaveira, et que V. A. m'avait envoyé
un courrier extraordinaire; j'ai dit sur cela ce que je savais.

On a écrit encore que V. A. a quitté Madrid, et s'est
dirigée sur Séville, avec nos souverains. Dans le doute

où je suis si cela est vrai ou faux, j'ordonne à mon courrier d'aller jusqu'à ce qu'il trouve V. A. Le grand
maréchal du palais m'annonce que les troupes françaises
le laisseront passer.

Je suis de V. A. S. etc.,

EUGENIO YZQUIERDO.

Paris, le 24 mars 1808.

Nº. II.

*Attestation donnée par ordre du roi à S. E.
D. Juan Escoiquiz.*

Le soussigné, secrétaire de S. M. Ferdinand VII, roi
d'Espagne et des Indes, atteste par son ordre, que S. M.
et LL. AA. les infants D. Carlos et D. Antonio,
après m'avoir entendu lire la requête présentée par D.
Juan Escoiquiz, conseiller d'état, ont daigné déclarer
indubitable *comme ayant eu lieu en leur présence*, ou
étant à leur parfaite connaissance, tout ce que le senor
Escoiquiz, qui invoque leur témoignage, expose par
l'acte suivant :

« D. Juan Escoiquiz se met respectueusement aux
» pieds de V. M., et de LL. AA. les infants D. Carlos
» et D. Antonio. Il les supplie, vu la connaissance par-
» faite qu'elles ont de sa conduite politique, de daigner
» attester que ce qu'il expose dans ce mémoire, pour
» prepousser toute inculpation vague ou mal fondée,
» est vrai, faveur qu'il ose attendre, etc.

» S'il n'est point véritable, 1º. qu'Escoiquiz, lors-

» qu'il était chargé de l'éducation du roi, et quand S. M.
» fut sur le trône, lui répétait cette maxime : *qu'il*
» *convenait de s'entourer de conseillers fidèles, sages et*
» *prudents ; d'adopter, sur les affaires d'état, l'opinion*
» *la plus naturelle, sans se laisser influencer par aucun*
» *conseiller, pas même par Escoïquiz, sujet à errer,*
» *beaucoup plus que ceux qui avaient davantage de*
» *mérite que lui, et à être corrompu, quoiqu'il fût homme*
» *d'honneur au moment où il parlait.*

    » 2°. Qu'à l'avènement de S. M., et après son retour
» de l'exil du Tardon, le roi lui offrit étant au conseil
» d'état, la place d'inquisiteur général, un évêché vacant
» à son choix, ou le titre de conseiller d'état ou le minis-
» tère de grâce et de justice, faveurs qu'il restreignit à la
» place de conseiller d'état, convenable à son âge, à ses
» talents, à son expérience, et afin de prouver qu'il
» ne fallait pas, comme sous Charles IV, sacrifier à
» l'ambition le devoir d'être utile à sa patrie.

    » 3°. Qu'on l'autorisa à cumuler avec ses fonctions
» de conseiller d'état, celles de juge des dépouilles, hon-
» neur qu'il refusa.

    » 4°. Qu'avant le voyage de Bayonne, il fit tout pour
» inspirer à S. M., la plus grande confiance dans la pru-
» dence et la fidélité de ses conseillers intimes, Cevallos,
» Azanza, O-Farril, Pinuella, San-Carlos et l'Infan-
» tado.

    » 5°. Qu'il a engagé constamment S. M. à accorder
» amitié et confiance aux infants D. Carlos et D. An-
» tonio, et à les employer dans le gouvernement pour

» en obtenir des renseignements certains sur les person-
» nes dont elle était environnée.

» 6°. Qu'il fut chargé, à l'avènement de S. M., de
» traiter, en son nom, avec Murat et l'ambassadeur de
» France, pour détourner de l'Espagne les malheurs qui
» semblaient la menacer.

» 7°. Qu'il rapporta, au conseil, les propositions qu'il
» reçut, sans se permettre aucune réflexion sur la con-
» fiance due aux conseillers.

» 8°. Que le duc de l'Infantado fut chargé de traiter
» aussi, et agit dans le même sens qu'Escoïquiz, avec
» Murat et l'ambassadeur de France, sur les affaires
» dont le senor Escoiquiz s'occupait, et qui consistaient
» en ce que le roi fût au-devant de l'empereur le plus
» loin possible, et en ce qu'on remît le prince de la Paix
» aux Français, sans informer contre lui.

» 9°. Qu'il n'a eu, avec S. M., pendant les treize
» jours qu'il passa à Madrid, aucun entretien en l'ab-
» sence des membres du conseil d'état; et que si, malgré
» son opinion négative, cela eut lieu, il n'engagea jamais
» S. M. sans l'avis du conseil, à aller au-devant de l'em-
» pereur, et encore moins à se rendre Bayonne.

» 10°. Que, lorsqu'on agitait au conseil le projet de
» voyage, il ne fit autre chose qu'inviter à y bien penser,
» en réunissant tous les efforts pour atteindre le but
» qu'on se proposait réellement.

» 11°. et 12°. Que le conseil intime, composé alors
» des ducs de l'Infantado et de San-Carlos, de Cevallos et
» d'Escoïquiz, approuva, à l'unanimité, le parti pris par
» le roi (après une conversation intime entre S. M. et

» l'ambassadeur de France) d'aller à Burgos, et même
» à Vittoria.

» 13°. Qu'il fut d'accord avec les membres du con-
» seil, une fois arrivés à Burgos, de ne pas aller plus loin
» sans une lettre de l'empereur et des renseignements
» positifs sur ses dispositions réelles.

» 14°. Que cette lettre et ces renseignements étant
» arrivés devaient ôter toute crainte et engager à aller
» à Bayonne.

» 15°. Qu'à Bayonne, S. M. ordonna de réunir en con-
» seil les personnes distinguées de sa suite, pour déli-
» bérer sur l'échange de la Toscane contre le trône d'Es-
» pagne et des Indes; que les membres du conseil, no-
» tamment San-Carlos et P. Macanaz, eurent l'opinion
» partagée par Escoiquiz, que Napoléon ne pouvait
» avoir l'idée d'établir une nouvelle dynastie en Espa-
» gne, et qu'il cherchait seulement à obtenir par crainte
» les provinces de la rive septentrionale de l'Ebre, ou une
» route militaire pour aller en Portugal, et qu'il se con-
» tenterait peut-être d'une colonie en dernier résultat,
» si on lui résistait fortement.

» 16°. Que tout le conseil fut d'avis de céder aux
» menaces de Charles IV, appuyées par celles de l'em-
» pereur, et d'abdiquer, en faveur du vieux roi, la cou-
» ronne d'Espagne et des Indes.

» 17°. Que le traité proposé par l'empereur, à
» Bayonne, pour la cession du trône d'Espagne et des
» Indes, fut fait par S. M. et LL. AA., sans avis du
» conseil, et qu'il fut signé à la satisfaction des princes,
» par Escoiquiz, muni à cet effet de pleins pouvoirs.

» 18º. Qu'envoyé en France avec S. M. et LL. AA., » Escoiquiz ne les a quittées que par force, et leur a » constamment prouvé amour, respect et loyauté.

» 19ª. Qu'il a constamment entretenu S. M. dans » l'intention de ne souscrire aucun engagement pour » remonter sur le trône, et même de ne se marier, que » de la manière la plus honorable et avec l'approbation » de la généreuse nation espagnole. »

Et, afin qu'il fût ajouté foi à cet exposé, je l'ai signé en ma qualité de secrétaire du roi, et scellé du sceau de S. M.

PEDRO MACANAZ.

A Valençai, le 28 décembre 1813.

Nº. III.

Conférences qui ont eu lieu à Bayonne, dans le mois de mai 1808, entre Napoléon, 1ᵉʳ. empereur des Français, et les commissaires du roi d'Espagne Ferdinand VII, particulièrement avec le conseiller d'état D. Juan Escoiquiz.

Le 21 mai 1808, sur les sept heures et demie du soir, l'empereur fit venir dans son cabinet, au château de Marac, situé à une demi-lieue de Bayonne, D. Juan Escoiquiz, et eut avec lui la conversation suivante :

L'empereur. Je desire depuis long-temps, chanoine, d'après la bonne idée qu'on m'a donnée de votre franchise et de vos talents, parler avec vous sur les affaires de votre prince. Je ne peux, dans ma position, ne pas m'intéresser au sort malheureux du roi son père qui a réclamé ma protection que je lui dois : toute l'Europe a les yeux ouverts sur moi. L'abdication de Charles IV, faite à Aranjuez au milieu de gardes séditieux et du peuple révolté, indique d'elle-même qu'elle fut forcée. Mes troupes étaient alors en Espagne : il s'en trouvait près de la cour ; l'apparence peut autoriser à penser que je prenais tacitement part à un acte de violence, et l'honneur me commande de repousser ce soupçon, en prouvant que je n'ai eu aucune part à cet événement scandaleux. Je ne reconnaîtrai donc Ferdinand VII comme roi légitime que lorsque son père, qui m'a envoyé une protestation contre l'abdication d'Aranjuez, renouvellera librement cette abdication en faveur de son fils.

Je vous le dirai, d'ailleurs, les intérêts de mon empire veulent que la maison de Bourbon, ennemie implacable de la mienne, perde le trône d'Espagne, et c'est dans l'intérêt de votre nation que ses derniers rois ont irritée. La nouvelle dynastie que je proposerai donnera une bonne constitution, et, par son étroite alliance avec la France, garantira l'Espagne de ce que pourrait tenter le seul ennemi qui puisse lui nuire par son voisinage et par sa puissance. Charles IV est prêt à me céder ses droits et ceux de sa famille, persuadé que les infants ne peuvent gouverner, dans ces temps difficiles, de façon à sauver son peuple des malheurs qui le menacent.

Voilà ce qui m'a décidé à empêcher que la dynastie des Bourbons règne encore en Espagne. Mais j'es-

time Ferdinand qui est venu me voir à Bayonne avec
confiance : je veux tráiter de cette affaire avec lui, et le
dédommager, autant que possible, ainsi que ses frères,
de ce que ma politique m'oblige de leur ôter en Espagne.

Proposez donc de ma part, à Ferdinand, de renoncer
à tous ses droits à la couronne d'Espagne, de recevoir en
échange l'Étrurie avec le titre de roi et une entière indépendance pour lui et ses héritiers mâles à perpétuité :
dites-lui que je lui ferai compter en pur don , pour son
établissement , une année des revenus de ce dernier
état.

Lorsqu'un traité aura été signé à cet égard, je lui
donnerai ma nièce en mariage pour l'assurer de toute
mon amitié, et nos conventions seront conclues de suite
avec la solennité nécessaire. Si Ferdinand rejette mes
propositions, je m'entendrai avec son père, et ni lui,
ni ses frères ne seront admis dans aucune négociation,
et ne recevront point d'indemnité. Si le prince fait ce
que je desire, l'Espagne conservera son intégrité terri-
toriale et son indépendance, ses lois, sa religion et ses
usages. Voilà tout mon système : je ne veux pour moi
pas même un village d'Espagne. Si tout ceci ne convient
pas à votre prince, il est libre de s'en retourner après
que nous aurons fixé le terme de sa rentrée et l'époque
où nous reprendrons les hostilités.

Escoiquiz. Je suis très flatté, sire, de pouvoir exprimer à V. M. le respect et l'admiration que j'ai depuis
long-temps pour elle; je le suis aussi de son opinion
sur mon caractère, et je chercherai à l'entretenir dans cette

disposition en lui parlant avec la franchise d'un homme d'honneur. Je croirais, sire, vous faire injure en dissimulant mes pensées sur une affaire qui intéresse votre gloire, le bonheur de ma patrie et de mon roi : j'ose donc espérer que V. M. daignera m'autoriser à m'exprimer avec une vérité égale au respect que je lui dois.

L'empereur. Je vous permets de me dire tout ce que vous voudrez ; vous êtes un honnête homme : votre franchise, au lieu de m'offenser, me donnera encore plus d'estime pour vous.

Escoiquiz. Puisque vous m'autorisez, sire, je ne vous dissimulerai pas mon étonnement sur un projet qui n'est pas même soupçonné de mon roi et de ma nation. L'alliance qui subsiste depuis plus d'un siècle entre les deux peuples, et qui a été renouvelée sous votre empire; les efforts constants de l'Espagne en faveur de la France pour la secourir dans ses guerres, notamment dans celle entreprise pour détrôner la branche des Bourbons régnante à Naples; le sacrifice des flottes et des trésors; la remise des places frontières; l'entrée de la capitale ouverte avec la confiance de l'amitié la plus aveugle aux troupes de V. M.; le desir connu du roi Ferdinand d'épouser une princesse de votre auguste maison; les dangers du prince qui fut sur le point de perdre la vie lorsqu'on sut quel était son projet (qui avait été sollicité au nom de V. M. par l'ambassadeur, M. de Beauharnais); la nouvelle demande du prince depuis son avènement au trône; son attachement, sa sincérité et sa confiance qui l'ont porté à venir se mettre à la disposition de V. M., malgré le refus constant de

vos représentants de le reconnaître comme souverain
légitime; tous ces motifs, dis-je, éloignaient jusqu'à l'idée
du projet de V. M. Je ne peux le considérer que comme
la suite de faux rapports sur les affaires d'Espagne, et
je vous supplie, sire, de me permettre de vous en soumettre la situation véritable, en vous démontrant que le
projet de V. M. est aussi opposé à ses intérêts politiques,
qu'à ceux de l'Espagne et de mon souverain.

Je commence par le récit exact de ce qui a précédé
l'abdication de Charles IV : cela suffira, vu la notoriété
des faits, pour prouver que la violence ne fut point la
cause de cette abdication tout-à-fait volontaire. Je re-
monterai à l'origine de la chose, c'est-à-dire à la trop
fameuse conspiration de l'Escurial, qui, comme je le dé-
montrerai, ne fut qu'une accusation atroce, et n'exista
jamais que dans la méchanceté du prince de la Paix,
soutenu par les préventions de la reine et par la pusillani-
mité de Charles IV. Personne ne peut mieux parler que
moi de ces faits, puisque j'ai été le premier acteur dans
les négociations qui servirent de prétexte à ce ridicule
procès criminel.

Ces négociations, sire, se bornèrent aux conférences
que j'eus, par ordre du prince Ferdinand, avec l'ambassadeur Beauharnais, et à la lettre qu'à sa demande je
lui remis, de la part du prince, pour V. M. dont S. A. R.
implorait la protection près du roi et de la reine, afin de
les déterminer à approuver son union avec une princesse
de votre auguste famille. C'était là un moyen certain de
déconcerter tous les projets du prince de la Paix, en
acquérant pour S. A. R. l'appui de V. M. I.

L'empereur. En ce cas, mon ambassadeur outrepassa ses pouvoirs. Il n'eut jamais l'ordre de traiter avec le prince des Asturies, et encore bien moins d'exiger une lettre de lui, qui, dans d'autres circonstances, eût été une désobéissance coupable envers son père : je dis dans d'autres circonstances, parce que je ne veux pas vous blâmer pour cela, quoique je sois certain que cette lettre m'a été adressée d'après votre conseil ; mais je sais aussi que la position du prince rendait pour vous et pour lui votre démarche légitime.

Escoïquiz. Je vois avec bien du plaisir, sire, que V. M. est persuadée que cette démarche fut commandée par la crainte de l'ambition du prince de la Paix et des trames qu'il ourdissait pour opprimer Ferdinand au moment où Charles IV, alors très malade, viendrait à mourir. Son intention était d'usurper le trône, ou de conserver, contre le gré de l'héritier légitime, sous un titre quelconque, l'autorité dont il jouissait alors.

L'empereur. Je sais parfaitement tout cela. Je sais aussi qu'on vous accusa à tort, ainsi que le duc de l'Infantado, et les autres personnes impliquées dans le procès de l'Escurial. Vous n'avez eu en vue que de prendre des mesures dictées par la prudence contre les projets que vous soupçonniez devoir éclater contre votre prince à la mort de son père, auquel d'ailleurs vous n'avez point manqué de respect et de fidélité.

Escoïquiz. Je ne peux rien ajouter à ce que la pénétration de V. M. lui a fait découvrir, si ce n'est que la contradiction qui existe entre les deux décrets du roi Charles publiés avant l'instruction de l'affaire, la sentence unanime des onze juges qui nous déclarèrent innocents, malgré les menaces et le pouvoir du prince de la Paix; les préventions du roi et de la reine contre nous suffirent pour dissiper les soupçons qui auraient pu planer sur la conduite du prince des Asturies et sur la nôtre dans cette affaire.

L'empereur. Je suis instruit de tous ces détails. Je connais l'innocence du prince Ferdinand et la vôtre dans tout ce qui eut lieu alors ; mais l'événement scandaleux d'Aranjuez , l'abdication du roi Charles, faite au milieu du peuple en fureur et des gardes révoltés, qui, au lieu de le défendre, aidèrent à en obtenir ce qu'on voulut, l'empressement de Ferdinand à profiter de l'abdication; tout cela ne doit-il pas persuader à l'Europe comme à moi que cette abdication n'a été ni librement, ni volontairement faite ? et ce qui le prouve, c'est que le monarque malheureux m'adressa deux jours après, dans les premiers moments de sa liberté, une protestation en forme, et implora ma protection pour défendre ses jours contre son fils et ses sujets.

Escoiquiz. Je ne pourrais jamais exprimer, sire , combien je me trouve heureux de discuter une affaire de cette importance devant un monarque doué d'un génie aussi supérieur que celui de V. M., d'aussi vastes connaissances et d'un caractère encore plus grand que sa puissance. J'aime à croire qu'à l'instant où j'ai parlé à V. M., elle a lu dans mon cœur la franchise qui me dirige, et cela m'inspire la plus grande confiance. Je vais mettre sous les yeux de V. M. le tableau exact de ce qui

Exposé des Mot.   8

s'est passé à Aranjuez: j'espère ainsi détruire l'impression fàcheuse que l'événement a faite sur son esprit.

Je ne me trouvais point, il est vrai, à Aranjuez dans cet instant; j'étais exilé, ainsi que le duc de l'Infantado, par suite du procès de l'Escurial. Je me trouvais dans un monastère au milieu d'un désert, à cent lieues de la cour; mais à mon retour j'ai pris de telles informations que V. M. peut ajouter foi à ce que je lui dirai sur des faits de notoriété, et que toute l'Espagne attesterait.

L'émeute d'Aranjuez fut la suite de l'indignation publique portée au plus haut point, par la certitude du départ du roi pour l'Andalousie, et par la crainte qu'à l'exemple des souverains de Portugal, il n'allât avec sa famille s'établir dans une des colonies. Tout fut tranquille jusqu'au moment des préparatifs de ce fatal voyage, dont on ne put douter après l'avis officiel signifié au conseil de Castille, et l'ordre donné à la garnison de Madrid pour protéger le départ. Le peuple jaloux de l'honneur de la nation, exaspéré par une entreprise de ce genre, vit les troupes, honteuses du rôle qu'on leur faisait jouer, partager ses sentiments.

Je le demande à V. M., pense-t-elle que, dans cette exaspération générale, un plan et des inspirations étrangères fussent nécessaires pour porter à la révolte? Non, sans doute, et le soulèvement n'eut d'autre cause que l'augmentation soudaine de la haine nourrie depuis long-temps contre le prince de la Paix, soupçonné d'être l'auteur du projet de départ. L'unique but du tumulte fut de punir ce vil intrigant, et d'empêcher l'éloignement de la famille royale, Le peuple naturellement bon conserva, malgré sa fureur, son respect et sa fidélité pour le roi; il se borna à chercher le prince dans sa maison, et ne l'y ayant pas trouvé, à demander son châtiment, ainsi que la révocation de l'ordre du départ. On n'entendit pas un mot contre les souverains pour la personne desquels on eut toujours la plus grande vénération; et le cri de *vive le roi!* fut même mille fois répété.

Les gardes du corps et les autres troupes qui étaient à Aranjuez, au lieu de prendre part à la sédition, s'empressèrent de sauver la maison du prince, de la fureur du peuple; ils se réunirent ensuite devant le palais pour contenir la multitude, et se mirent en bataille pour défendre LL. MM., si quelque malveillant, ce qui n'eut pas lieu, osait leur manquer de respect.

Il est certain que ces mêmes troupes qui remplirent ainsi un devoir sacré, n'auraient pas maltraité le peuple pour servir la tyrannie du prince de la Paix, et se seraient refusées à faciliter le départ de la cour; mais on ne les mit pas à cette épreuve, et si cela avait eu lieu, j'en appelle au cœur magnanime de S. M., aurait-il été juste qu'elles contribuassent à la ruine de leur patrie?

Je suis instruit aussi que les chefs de ces corps militaires, consultés par le roi et par la reine, au commencement de l'émeute, sur les moyens de l'apaiser, parlèrent dans le même sens à LL. MM. en leur conseillant de ne point partir, et d'éloigner le prince de la Paix, après l'avoir privé des dignités qu'il avait arrachées des bontés du roi. J'ai la conviction intime que ces chefs se seraient refusés à réduire, par la force, au silence, un peuple qui ne demandait à LL. MM. que les choses les plus utiles à elles-mêmes, à leur famille et à la nation. En fallait-il davantage pour que le plus grand ennemi de notre patrie, le prince de la Paix, représentât ces chefs et ces troupes comme des rebelles déclarés contre les vieux souverains, trompés par ce vil intrigant ? Mais les événements démentirent de suite cette accusation injuste, ainsi que celles que les vieux souverains n'auraient pas manqué de porter, à V. M., contre leur fils. Le prince de la Paix fut trouvé, le lendemain du tumulte, dans un grenier de sa maison, où il s'était caché. Les gardes du corps le défendirent contre le peuple, jusqu'à ce que le prince des Asturies vint lui-même l'arracher à la multitude, et la calmer, en promettant qu'on ferait justice. Les gardes purent conduire alors le prince à leur quartier, où il arriva, n'ayant reçu que quelques légères blessures. Au moment où il y fut renfermé, le peuple fit retentir les airs d'acclamations réitérées en faveur de ses souverains, et se retira. On n'entendit pas, pendant tout le tumulte (qui, étant une fois apaisé, ne se renouvela plus), une seule voix s'élever contre LL. MM., ou contre le gouvernement. Cela est de notoriété publique.

Cependant le même jour, lorsque la tranquillité était rétablie, le roi Charles fit appeler, sur les quatre heures de l'après-midi, D. Pedro Cevallos ; et, sans qu'on l'eût engagé à renoncer à la couronne, sans même qu'on y eût pensé, il répéta ce qu'il disait fréquemment à la cour

les années précédentes : qu'il était las de gouverner; que
sa santé lui commandait le repos; qu'il desirait profiter
de cette circonstance pour abdiquer en faveur de son
fils, son digne héritier. Il ordonna en conséquence à D.
Pedro Cevallos de rédiger et de lui apporter à signer de
suite le décret d'abdication, et cela eut lieu dans la
soirée. Immédiatement après la signature de l'acte, le
roi en donna connaissance au prince Ferdinand devant
la famille royale et les principaux personnages de la
cour. Il montrait la plus grande satisfaction, et dit au
nonce du Pape, monseigneur Gravina, et au comte
Strogonoff, ministre de Russie, qu'il n'avait jamais rien
fait avec autant de plaisir; et, pour le prouver, il ajouta :
que son bonheur était tel qu'il lui avait rendu, malgré
le rhumatisme qui le tourmentait, la faculté de signer.

Je crois cependant que, dans les pays étrangers où
l'on a ignoré la véritable situation des affaires, le prince
Ferdinand aura peut-être été blâmé de n'avoir pas re-
fusé (soit par amour filial, soit pour sa réputation),
ou même différé d'accepter l'abdication faite dans des circonstances extraordinaires. Mais les personnes instruites
de ce qui se passait en Espagne voyaient clairement
que le prince ne pouvait balancer un instant; car le
moindre retard amenait la perte de l'Espagne. La reine
qui ne s'était point opposée à l'abdication, pour sauver
le prince de la Paix, pouvait le jour même changer d'o-
pinion, et porter le roi à protester contre cet acte aussi
facilement qu'elle l'avait engagé à le faire. Encouragée
par ce succès, elle aurait sans doute obtenu la liberté
de son favori qu'on aurait vu de nouveau placé à la

tête des affaires. Il en serait résulté les plus terribles conséquences. La haine du peuple contre cet ambitieux se serait changée en fureur; la nation, jadis si soumise et si fidèle, se serait soulevée contre ses princes dont elle aurait causé la ruine ainsi que la sienne. Jugez, sire, si le prince Ferdinand pouvait, par une délicatesse intempestive, exposer son royaume à des maux si cruels.

L'empereur. Quelle que soit la couleur que vous donniez, chanoine, à la révolte d'Aranjuez, et à ses résultats, vous conviendrez que les apparences, notamment la protestation du roi Charles signée le jour même de son abdication, prouvent que ce dernier acte ne fut pas libre. Charles IV, calme en apparence au milieu du tumulte, ne put faire volontairement un acte de cette importance. Tous ceux qui ne connaîtront pas les dispositions secrètes que vous attribuez au roi et à la reine, c'est-à-dire toute l'Europe, excepté quelques Espagnols instruits du mystère, trouvera, comme moi, inconcevable que, dans un temps si court, Charles IV ait pu changer de volonté au point de protester contre une abdication qui nécessairement n'eût pas eu lieu, si elle avait été libre. Ainsi, malgré vos efforts, on croira que cet acte a été arraché au roi Charles, par la crainte d'un danger imminent.

Escoiquiz. J'ai donné, sire, la couleur de la vérité aux événements d'Aranjuez. Ce sont des faits connus de tous les Espagnols, et qui le seront de tous les autres Européens qui voudront s'en informer. J'en dis autant des circonstances de l'abdication du roi Charles. Si,

dans quelque pays étranger, on porte un jugement contraire, ce sera à tort, et cette opinion, fausse comme
tant d'autres, ne pourra servir de règle. Il n'y a jamais
existé de danger pour Charles IV, ni pour sa famille;
ainsi, comme j'ai déjà eu l'honneur de le dire à V. M.,
la crainte n'a pu dicter l'abdication. Au reste, sire,
je ferai observer à V. M., que le changement subit de résolution auquel peut faire croire la protestation du même
jour (quoique je sois persuadé qu'elle eut lieu deux
jours plus tard, c'est-à-dire au moment où elle fut
adressée à V. M. I.), n'étonnera que ceux qui ignorent
toute la faiblesse du malheureux roi. Esclave de la
reine maîtresse de sa confiance, il aurait signé et
signerait encore, à sa première proposition, l'acte le
plus opposé à ses idées: c'est ainsi qu'il signa sa protestation dictée par cette princesse qu'aveuglait, contre son
fils, le desir de sauver le prince de la Paix d'un jugement
rigoureux. Mais j'oubliais, sire, que je parle d'une affaire
qui n'a pu échapper à la perspicacité de V. M. qui sait
d'ailleurs depuis long-temps quelle est la faiblesse du
roi Charles, faiblesse qui est la cause réelle de ses fautes
aussi nombreuses qu'étonnantes, et dont l'univers est
instruit.

L'empereur. Je sais, chanoine, tout ce qu'on dit de
la faiblesse de Charles IV; mais sa renonciation a de
telles particularités, outre celles dont je vous ai parlé,
que sa nullité s'en confirme. Un pareil acte demande de
longues réflexions, un examen des représentants de la
nation, de la lenteur et de la solennité, une tranquillité d'esprit et de corps. Accompli dans un jour de sé-

dition, révoqué le jour même, ou, si vous le voulez, quarante-huit heures après, un pareil acte passera toujours, aux yeux des hommes sensés, pour avoir été arraché par la violence. Rappelez-vous l'histoire d'Espagne, et voyez la différence qui existe entre l'abdication d'Aranjuez et celles de Charles V et de Philippe V.

Escoïquiz. Je conviens, sire, que ces actes diffèrent quant aux formes, mais non pas cependant de manière à détruire l'abdication de Charles IV. Un pareil acte est valide lorsque celui qui le fait est libre, et qu'il n'y manque aucune des formalités voulues par les lois. Ces qualités sont réunies dans celui dont nous parlons. Je crois avoir prouvé à V. M., que le roi était libre, et quant à la solennité, il n'y manque rien, puisque l'acte a été fait devant le secrétaire d'état, signé par le roi, communiqué, selon les formes, au conseil d'état et à toute la cour, sans qu'il s'élevât une réclamation. Publié en outre dans toute l'Espagne, on ne peut rien desirer de plus, et il n'y a pas de loi qui en exige davantage : les formalités accessoires ne peuvent influer en rien sur le fond de la chose. Dépendant uniquement du caprice de Charles IV, elles ont pu être négligées par l'effet de ce caprice, ou par suite des circonstances fâcheuses où sa mauvaise administration avait mis le royaume. Je ne dirai rien de sa protestation : elle ne peut détruire l'abdication faite régulièrement ; il faut la considérer simplement comme le résultat de l'inconstance naturelle aux hommes.

Cette explication est plus que suffisante pour anéantir tous les raisonnements contre la renonciation ; mais, pour ne rien omettre, je dirai de plus que la résolution

du roi Charles ne fût pas prise inopinément: s'il la manifesta lors de l'émeute d'Aranjuez, il en avait déjà
parlé à sa cour et aux ministres étrangers, les années
précédentes. Il s'était plaint constamment du mauvais
état de sa santé, de son éloignement pour les affaires, et
c'est ce qui l'avait déjà déterminé à déléguer au prince
de la Paix le commandement des forces de terre et
de mer, le droit de faire la paix ou la guerre, et à
ne garder que le nom de roi : ainsi la cession , en
faveur du prince son fils ; ne fut qu'une répétition de
celle faite au prince de la Paix, avec la différence que
Charles IV laissa à son héritier, non-seulement son autorité, mais le titre qui la rendait légitime.

L'empereur. Malgré toutes vos raisons, chanoine, je
tiendrai toujours à ma première idée, qu'on ne peut
considérer comme légitime une abdication faite dans un
jour d'émeute et révoquée immédiatement après. Mais
laissons cela; et dites-moi si je peux oublier que les intérêts de ma maison ; ceux de mon empire veulent que
les Bourbons ne règnent plus en Espagne. (En me
parlant, l'empereur, de la meilleure humeur du monde,
me prit l'oreille, et, me la tirant en plaisantant, ajouta):
lors même que vous auriez raison, chanoine, dans
tout ce que vous dites, je vous répondrais : *Mauvaise
politique.*

Escoiquiz. Je sens, sire, quelle est là force de cette
sentence ; mais j'ose encore espérer vous prouver que les
véritables intérêts de V. M., c'est-à-dire une politique
solide, s'opposent à ce qu'elle prenne ce parti. Je sais quelle
différence existe entre mes faibles lumières et les connais-

sances vastes et profondes de V. M. I., sur des affaires
aussi importantes. Mais les renseignements positifs que
j'ai sur l'esprit du peuple espagnol, ma connaisance du
caractère de Ferdinand, peuvent rendre mes raisons
dignes d'attirer l'attention de V. M., que son éloignement a pu empêcher d'avoir les mêmes détails que j'ai re-
cueillis.

L'empereur (souriant agréablement et me tirant
assez fortement l'oreille). On m'a beaucoup parlé de
vous, chanoine, et je vois en effet *que vous en savez long*.

Escoiquiz (souriant aussi). Pardonnez-moi, sire,
mais il me paraît que V. M. en sait bien *plus long que
moi*. Les faits le prouvent, et certainement l'avantage
n'est pas de mon côté.

L'empereur (après avoir beaucoup ri). Mais reve-
nons à notre objet : il est impossible que vous ne voyez
pas comme moi, que tant qu'il existera des Bourbons sur
le trône d'Espagne, je n'aurai avec cette puissance aucune alliance sincère. Ils sauront feindre tant qu'ils seront seuls et dans l'impuissance de me nuire; mais lorsqu'ils me verront occupé dans une guerre du Nord, ce
qui ne peut manquer d'avoir lieu, ils se réuniront à mes
ennemis. Rappelez-vous la perfidie de Charles IV lui-
même, qui, au mépris de notre alliance, voulut me
faire la guerre lorsqu'il me crut tout occupé de celle
de Prusse, peu avant la bataille d'Jéna. Il profita de mon
prétendu danger pour faire circuler dans son royaume
une proclamation afin d'armer tous ses sujets contre
moi. Jamais, je le répète, je ne compterai sur l'Espagne
tant que les Bourbons y régneront. Les forces de cette

nation, considérables en tout temps, peuvent augmenter encore sous un homme de mérite qui serait à la tête du gouvernement , et s'élever au point de nuire à mon repos ; ne vous étonnez donc pas , chanoine, si je vous répète : *mauvaise politique.*

Escoiquiz. Permettez-moi ; sire, d'assurer V. M. que la branche des Bourbons qui règne en Espagne est intéressée à rester fidèle à son alliance, au système qu'elle veut établir sur le continent, et qu'en l'excluant du trône qu'elle occupe, V. M. nuira aux intérêts de son empire.

Cette branche en effet ne tient aux autres que par une parenté très éloignée, et ne peut avoir pour elles beaucoup d'affection. Le règne de Ferdinand VI le prouve : il ne voulut contracter aucune alliance avec la branche de France, refusa de la secourir dans ses guerres contre l'Angleterre et la Prusse, et témoigna une constante prédilection pour les ennemis de la France, en feignant la plus entière neutralité.

Si Charles III, successeur de Ferdinand, changea de système, et conclut avec la France ce fameux pacte de famille, ce fut moins par attachement pour elle que pour se venger d'une insulte de l'Angleterre qui lui fit la sanglante offense qu'il n'oublia jamais, de le menacer de bombarder Naples où il régnait alors, s'il ne retirait ses troupes de l'armée de Philippe V, son père, dans un délai de deux heures qu'on osa insolemment lui fixer.

Charles IV a fait la guerre à la France à l'époque de la mort de Louis XVI ; et cela n'aurait pas eu lieu si l'on se fût contenté de détrôner et d'exiler ce monarque in-

fortuné. Il ne se prononça que quand il vit qu'on menaçait les jours de son parent ; tout prouve qu'il aurait
alors souffert un changement de dynastie en France : ce
ne furent pas les égards dus à la parenté qui le déterminèrent ; mais l'indignation qu'il ressentit d'un attentat qui
menaçait tous les rois. Gustave, roi de Suède, qui n'avait
rien de commun avec les Bourbons, fit davantage que
lui. Il aurait fallu n'être pas roi pour ne point agir
comme il l'a fait dans cette circonstance ; mais à peine
la France eut-elle un gouvernement modéré, que Charles IV resserra ses liens avec cette puissance, et ses dispositions amicales se sont accrues depuis que, pour le
bonheur de la France et de l'Europe, vous avez régné.
En effet, sire, l'exil des princes français, l'anéantissement
de leurs espérances, et le trône de Naples enlevé à son
frère, n'ont fait que fortifier son alliance avec V. M. I.

La proclamation publiée lors de la bataille d'Jéna, et
sur laquelle V. M. fonde ses soupçons d'une haine générale
des Bourbons contre sa personne et sa maison, est vraiment
une déclaration de guerre offensive ; mais, je le
demande à V. M., est-elle d'un Bourbon, de Charles IV ?
V. M. sait que le prince de la Paix en fut l'unique auteur ; il eut une peine infinie à faire céder le roi dans
cette circonstance ; enfin, cependant, l'acharnement du
favori triompha d'une faiblesse sans exemple. Ainsi cet
acte ne peut être considéré comme le résultat de la haine
du roi contre V. M. et la maison impériale.

Vous ne pouvez rien reprocher, sire, à notre jeune
roi : il a toujours prouvé à V. M. de l'estime, de l'a-
mour et du respect. Lorsqu'il n'était que prince, il vous

instruisit, au péril de sa vie, de son desir de s'unir avec une princesse de votre maison ; il a renouvelé par écrit sa demande à son avènement au trône ; et, sans s'inquiéter du refus fait par vos représentants de le reconnaître pour roi, il est venu en personne solliciter votre alliance, et sans crainte, sans soupçons, se mettre à votre disposition avec la confiance d'un fils. L'idée qu'il avait conçue de la justice et de la générosité d'un héros, a éloigné toute défiance de son cœur (1).

Qui peut donc faire craindre à V. M. la moindre inimitié, la plus légère opposition aux intérêts de votre auguste famille et de votre empire dont l'alliance est le premier besoin politique de l'Espagne ? L'union de notre jeune prince avec une princesse impériale l'attachera nécessairement à la maison de son épouse, sans rien changer à son indifférence pour des parents éloignés : ne préférera-t-il pas avoir pour V. M. les sentiments d'un fils, et pour votre famille ceux du plus grand dévouement ?

L'empereur. Vous me faites des contes, chanoine : vous êtes trop instruit pour ignorer qu'une femme est un lien trop faible pour déterminer la conduite politique d'un prince, et qu'on ne peut la comparer en rien aux sentiments qu'inspire une origine commune. Qui répondra que l'épouse de Ferdinand aura sur lui de l'ascendant ? cela ne dépend-il pas du hasard, des cir-

---

(1) Ce langage était nécessaire pour tirer parti de cet homme vain et féroce : la vérité ne pouvait arriver à son cœur que sous le voile de la flatterie. J'étais à Bayonne, je parlais à un Attila ; il est inutile que j'en dise davantage.

constances? D'ailleurs, la mort peut rompre tous ces liens entre les maisons d'Espagne et de France; et la haine assoupie momentanément se réveillerait alors avec plus de force.

Escoiquiz. J'espère cependant, sire, que V. M. ne prendra pas mes discours pour des contes, si elle veut bien réfléchir à l'influence qu'une épouse, remplie de mérite et douée d'un bon jugement, peut exercer sur un roi jeune et sage, qui cédera toutes les fois que le bonheur de l'état ne s'opposera pas à sa tendresse conjugale. Cette influence sera plus forte si la souveraine joint à ses qualités naturelles l'adresse dont son sexe n'est jamais privé principalement, lorsqu'il fait valoir la raison. Je parle avec franchise, parce que je ne m'adresse pas à un monarque ordinaire avec qui l'on pourrait user de dissimulation, ou lui faire adopter des idées fausses; j'ai l'honneur de traiter avec V. M., à la perspicacité de laquelle rien ne peut échapper. Je serais donc un maladroit si mon langage n'était pas l'effet de la vérité qui seule peut le faire valoir. Je vous assurerai ainsi, que, lors même qu'il ne serait plus question de l'alliance projetée, la douceur, l'humeur pacifique de Ferdinand, ses intérêts, doivent persuader à V. M. qu'il n'abandonnera jamais une alliance dont dépend son existence politique. D'ailleurs, les personnes qui entourent le jeune monarque ne peuvent, vous le savez, l'entretenir, d'après leur manière de voir, dans d'autres dispositions.

L'empereur. Je n'ignore pas que ceux qui ont avec vous sa confiance en cet instant, connaissent trop ses intérêts pour lui donner d'autres idées; mais qui me garantira que la jeunesse du roi ne le portera pas à vous renvoyer dans six mois (1) ? Ne vous laissez pas éblouir ainsi, chanoine : vous êtes vraiment trop honnête homme. Le premier courtisan adroit s'emparera de sa confiance, le trompera, vous éloignera des affaires, et bientôt agent de l'Angleterre, lui fera suivre un système opposé au vôtre. Non, chanoine, je vous le répète : je ne peux avoir confiance en tout cela.

Escoiquiz. Je suis persuadé, sire, que notre bon monarque nous connaît trop pour nous ôter sa confiance. S'il est pacifique, il n'est pas faible : il a du talent, de la fermeté, et l'expérience l'instruira. Il lui faudrait une absence de toutes les qualités, et l'ineptie la plus complète, lors même qu'il nous éloignerait de lui, pour rompre une alliance approuvée de tous ses sujets ; mais en admettant, ce que je suis loin de faire, cette supposition, quel favori pourrait balancer l'ascendant de l'épouse que Ferdinand desire trouver dans votre auguste famille ?

L'empereur. Votre intérêt vous porte, chanoine, à vanter en cet instant la force de cet ascendant ; mais je ne vous dissimulerai pas que j'en doute beaucoup.

Escoiquiz. Je ne suis pas surpris, sire, de vous voir une opinion contraire à la mienne ; vous jugez du caractère des autres princes par le vôtre qui est une excep-

----

(1) D. Juan Escoiquiz est en cet instant prisonnier au château de Murcie, où il a été enfermé par ordre de Ferdinand VII.
(*Note de l'éditeur.*)

tion peut-être unique, puisque V. M. ne céda jamais qu'à l'influence de son génie.

L'empereur. Allons, chanoine, vous me présentez de vrais châteaux en Espagne. Pensez-vous de bonne foi que les Bourbons restant sur le trône, je pourrai avoir sur leur compte la même sécurité que j'aurais à l'égard d'un prince de ma famille qui les remplacerait? Ce dernier, il est vrai, pourrait avoir avec moi ou avec mes descendants quelques querelles; mais, loin de desirer, comme un Bourbon, la ruine de ma maison, il la soutiendrait de tout son pouvoir, si son existence était réellement menacée.

Escoiquiz. Sire, je ne répéterai pas les différents motifs de confiance que j'ai déjà détaillés; mais je vous dirai que le génie de V. M. lui assure durant sa vie la prépondérance de la France sur l'Espagne, soit qu'un Bourbon ou un prince impérial y règne. Si vos successeurs, ce que j'ai peine à croire, héritent de la force de votre génie et de votre empire, les choses seront les mêmes : s'ils sont des hommes ordinaires, ils courront le même danger s'il se trouve un Bourbon ou un prince de la famille impériale, sur le trône d'Espagne.

L'intérêt, l'ambition, le caprice d'un ministre ou d'un favori, l'union avec une autre famille, rompent les liens du sang entre les souverains, et l'histoire apprend qu'ils peuvent devenir les ennemis les plus implacables. Mais, sans approfondir ces choses, permettez-moi de m'arrêter sur les probabilités offertes par le présent, et qui généralement frappent le plus les hommes : je vais dérouler à V. M. le tableau des conséquences funestes qui résulteront, au préjudice de V. M. et de son empire, d'un changement de dynastie en Espagne.

L'Europe, les yeux fixés sur Bayonne, attend impatiemment le résultat du voyage du roi Ferdinand; elle applaudira à votre générosité, si V. M. ne consulte que son cœur noble et magnanime. Les puissances ennemies seront entraînées à vous proclamer aussi juste envers vos alliés que terrible à l'égard de vos adversaires. Votre modération diminuera leur jalousie; leur haine dissipera leurs craintes que l'Angleterre, cette ennemie implacable de la France, ne cesse d'exciter pour réunir l'Europe contre V. M.

Quant à la nation espagnole, elle adore son jeune souverain, attend son retour avec impatience, espère que vous lui tiendrez lieu de ce père et de cette mère qu'il ne connaît que par les effets d'une haine injuste et contre nature.

L'Espagne croit que le mariage de son roi resserrera l'alliance des deux nations, et elle ne saura comment vous exprimer sa reconnaissance. Votre nom, sire, sera gravé dans le cœur des Espagnols comme celui du sauveur de la monarchie, et si Votre Majesté entre dans leur capitale avec Ferdinand, ils seront tous à ses genoux, l'accableront de bénédictions, et conserveront un tel souvenir de ses bienfaits qu'ils empêcheraient Ferdinand, s'il en avait la pensée, de rompre l'alliance avec la France. Mais cette supposition est un outrage au noble caractère de Ferdinand qui, d'accord avec ses sujets, repousserait au contraire, en toute occasion, les ennemis de V. M. Il est aussi important pour l'Espagne que pour la France d'anéantir l'orgueil du tyran des mers. Notre marine imposante s'augmentera

Exposé des Mot.   9

de nos richesses des Indes lorsque, d'accord avec la seule
puissance pour nous redoutable sur le continent, nous
lui servirons d'alliés contre l'Angleterre. Quelle gloire
aura V. M.! quels avantages elle retirera d'une conduite
conforme aux nobles sentiments de son cœur, et à sa
politique!

Si V. M. persiste au contraire dans ses projets de changer la dynastie, elle portera au plus haut degré l'envie
et la haine des puissances même les plus indifférentes.
Toutes redouteront de perdre bientôt leur indépendance,
en réfléchissant à votre conduite envers un allié fidèle,
et l'Angleterre trouvera ainsi de nouvelles forces pour
exciter les efforts de ces puissances, et rendre éternelle
une guerre contre votre empire. Ajoutez à cela, sire,
que tout Espagnol aura pour vous une haine implacable
que plusieurs siècles ne pourront éteindre.

J'invoque ici le témoignage de l'expérience : il y a
plus de cent ans que la guerre de la Succession est finie,
et l'avènement de Ferdinand au trône a vu seulement
s'endormir la haine des Aragonais, des Catalans et des
Valençais contre la France, contre la maison de Philippe d'Anjou, et contre les Castillans eux-mêmes qui
la soutinrent. L'horreur qu'ont les Espagnols pour le
caractère du prince de la Paix, les espérances que leur
offre le caractère du nouveau monarque, pourraient
apaiser l'antique haine contre la maison régnante, et rapprocher les partis à qui jusqu'alors il n'a manqué
qu'une occasion pour combattre. Il existe une grande
différence à se déclarer entre deux princes dont les droits
sont contestés, et à maintenir un roi chéri de sa nation

qui périrait toute entière plutôt que d'en souffrir un autre sur le trône.

L'empereur. Vous exagérez beaucoup les difficultés, chanoine. Je ne redoute pas à cet égard la seule puissance qui eût pu m'inquiéter. L'empereur de Russie, à qui j'ai fait part à Tilsitt de mes projets sur l'Espagne, qui remontent à cette époque, les approuva, et j'ai reçu sa parole d'honneur qu'il ne s'y opposerait pas. Les autres puissances resteront tranquilles ; et la résistance des Espagnols ne peut être redoutable. Les grands et les riches calmeront le peuple au lieu de l'exciter, et cela dans la crainte de se perdre. Je rendrai le clergé et les moines responsables du moindre désordre ; dès lors, ils useront de toute *leur influence* pour le maintien de la tranquillité, et vous savez qu'ils en ont *beaucoup.* Il se pourra que la populace excite quelques soulèvements ; mais la sévérité des châtiments la ramènera dans la ligne du devoir.

Croyez-moi, chanoine, j'en ai l'expérience : les pays où les moines sont nombreux se subjuguent facilement ; c'est ce qui aura lieu en Espagne, principalement quand les Espagnols verront que j'assure l'indépendance et l'intégrité de la monarchie, une constitution plus libérale et plus raisonnable, et la conservation de la religion et des usages.

Escoiquiz. Je respecte, sire, les opinions de V. M., en reconnaissant l'infériorité de mes talents politiques, mais permettez que j'invoque la connaissance que j'ai du caractère espagnol, pour lui annoncer que les grands, les riches, les ecclésiastiques et les moines donneront les premiers au peuple l'exemple de tout sacrifice et du plus grand enthousiasme pour le roi Ferdinand, et que la nation se lèvera en masse pour repousser avec la plus grande constance et une ardeur invincible tout autre souverain.

L'empereur. Si cela était, je réussirais toujours en sacrifiant 200 mille hommes, et je ne crois pas qu'il m'en coûte autant pour conquérir l'Espagne.

Escoiquiz. Mon opinion n'est rien auprès de celle de V. M., et j'admets facilement que dans l'instant où vos troupes s'attendent à combattre, commandent à Madrid, occupent les places frontières, tandis que les Espagnols n'ont ni armée, ni argent, ni provisions pour la guerre, ni un point central de réunion, ni chef qui dirige leurs mouvements, ils seront battus et souffriront; mais au lieu de se rendre, ils se relèveront par le secours de leur fureur et du désespoir, et ils adopteront un système énergique de gouvernement. Aidés du Portugal et de l'Angleterre, favorisés par l'aspérité du terrain, ils auront des positions avantageuses; soixante-dix lieues de côtes leur offriront des moyens faciles de recevoir sur différents points les forces de l'Angleterre et des colonies qui rivaliseront d'efforts.

Quatorze millions d'ames, en comptant les Portugais, fourniront autant d'hommes qu'il en faudra. Les Français se trouveront au contraire dans un vaste pays, malsain et privé de vivres; ils ne pourront recevoir des approvisionnements par mer : il faudra en amener de la France et par terre. Les Espagnols, divisés par bandes innombrables, attaqueront partout les convois; et, malgré quelques avantages particuliers, il faudra toujours renoncer à l'entreprise générale de soumettre l'Espagne.

Mais j'admets pour un moment, sire, qu'après une guerre sanglante et ruineuse, les Français parviendront à régner en Espagne : la nouvelle dynastie ne sera pas tranquille sur le trône ; assise sur un volcan, la force seule pourra retarder l'explosion. Il faudra que V. M. ait sans cesse deux à trois cent mille hommes dans les provinces, pour empêcher les révoltes. Le nouveau roi régnera sur des cadavres, sur des ruines, sur les restes malheureux d'un peuple au désespoir digne d'un meilleur sort, sur des esclaves furieux et impatients de rompre un joug qu'ils briseront tôt ou tard. L'Angleterre et les puissances jalouses de la France chercheront avec empressement l'occasion d'arriver à ce but ; la guerre d'Espagne sera une hydre renaissante qui, n'étant jamais tout-à-fait libre pendant le règne de V. M., amènera peut-être la destruction de ses successeurs.

Supposons, sire, contre mon opinion, que l'Espagne soumise et pacifiée se résigne à supporter un joug nouveau ; de quelle utilité vous serait-elle ? Ruinée, dépeuplée, privée de ses immenses colonies, ainsi que de ses trésors et de sa marine, elle serait un fardeau d'autant plus pénible pour la France, que la grande étendue de ses côtes facilitera les attaques répétées des Anglais.

L'empereur. Vous allez trop loin, chanoine ; vous regardez comme certain que l'Espagne perde ses colonies, et moi j'ai les plus fortes raisons de penser le contraire. *Croyez-vous que je me sois endormi ?* Je me suis procuré des communications secrètes avec l'Amé-

rique espagnole; j'ai expédié d'abord des frégates pour
ce pays afin de savoir ce que je pourrais en attendre, et
j'espère tout de ces mesures.

Escoiquiz. Je n'ai pas, sire, assez bonne opinion
de mes lumières pour oser combattre vos espérances :
l'avenir peut en prouver la solidité; mais j'ai des renseignements qui m'engagent à croire que les colonies
se sépareront de la métropole plutôt que de se soumettre
à une nouvelle dynastie; je vais même plus loin : sous
le règne de Ferdinand, un simple mécontentement eût
rompu des liens qui n'existent plus que par l'habitude.
Comment ces liens dureraient-ils après un tel changement dans leurs idées? La liberté que V. M. m'accorde
de parler franchement, m'engage à l'assurer que je ju-
rerais, par ce qu'il y a de plus sacré, que les colonies se
sépareront de la métropole à l'instant où une nouvelle
dynastie régnera en Espagne.

Examinons les résultats de cette séparation. L'Espagne
n'a de commerce avantageux que celui qu'elle fait avec
ses colonies qui lui fournissent ses provisions navales.
Elle se trouvera privée de sa marine militaire et mar-
chande; ainsi la marine de France, son alliée, serait af-
faiblie. La France perdrait d'ailleurs le grand commerce
qu'elle fait avec les colonies en vertu des priviléges
qu'elle a obtenus de l'amitié de l'Espagne; et, sous le
règne de Ferdinand, ce commerce ne pourrait qu'augmenter.

L'Europe entière dont le numéraire s'accroît sin-
gulièrement, depuis l'établissement des colonies, par les
métaux qu'elles produisent, en verrait bientôt la quan-

cité diminuer, et se trouverait aussi privée, comme elle l'est déjà à peu près, des productions de l'Inde et de l'Amérique dont elle ne peut se passer. Il faudra, si l'on en desire, s'en procurer au prix que le caprice des Anglais y mettra.

Et quant à l'Angleterre, elle fêtera le jour où l'Espagne changera de dynastie, comme le plus heureux pour elle depuis qu'elle existe en corps de nation. Maîtresse des mers, elle le sera du commerce, de toutes les productions et de toutes les mines américaines. Sa population, sa marine et ses richesses s'accroîtront d'une manière incompréhensible; ses trésors, plus précieux par la rareté du numéraire en Europe, lui donneront le pouvoir d'acheter tous les peuples; de les armer contre V. M., d'exciter même des troubles dans l'intérieur de son empire, au moyen de ce métal puissant, le premier de tous les mobiles, et dont on ne peut calculer tous les effets.

L'empereur. Puisque vous insistez, chanoine, malgré ce que je vous ai dit, à mettre les choses au pire, et que nous ne nous accordons pas sur les bases de vos calculs, je vous répondrai simplement que je réfléchirai de nouveau sur cette matière, et que je vous instruirai demain du parti que j'aurai irrévocablement pris.

Escoiquiz. J'ose attendre, sire, que la générosité et la sagesse de V. M. lui inspireront une décision favorable à mon roi et à ma patrie.

Voilà, à peu de chose près, ce qui eut lieu dans la première conférence. L'empereur me fit appeler le len-

demain, et commença par me dire : « Je me suis décidé
» irrévocablement à changer la dynastie qui règne en
» Espagne. Vous pouvez en instruire le prince Ferdi-
» nand. Dites-lui de se décider, avant l'arrivée du roi
» Charles son père, relativement à l'échange de ses
» droits contre la Toscane. S'il accepte, le traité sera
» fait avec la plus grande solennité. Dans le cas con-
» traire, son refus deviendra toujours inutile, car j'ob-
» tiendrai de son père la cession que je desire. La Tos-
» cane restera alors à la France, et S. A. R. ne rece-
» vra aucune indemnité. » Désolé du renversement de
mes espérances, je tentai de présenter, sous des formes
nouvelles, et avec toute l'énergie dont je suis capable,
les raisons les plus solides que j'avais employées pour
ébranler l'empereur et l'engager à changer de système;
mais reconnaissant l'inutilité de mes efforts, je lui dis :
« Sire, la résolution de V. M. m'affecte d'autant plus
» douloureusement, qu'outre le malheur de mon roi
» et de ma patrie, j'aurai à gémir sur la perte de la
» réputation de ceux qui étaient avec moi auprès du roi
» lorsqu'il s'est décidé à venir à Bayonne. On nous
» considérera comme en étant les auteurs. Je serai par-
» ticulièrement blâmé. On croit généralement que j'ai
» beaucoup d'influence sur l'esprit du roi ; et, si mon
» caractère est assez connu pour que le public instruit ne
» me soupçonne pas de trahison, on ne m'en considé-
» rera pas moins comme le plus aveugle et le plus impru-
» dent des hommes, lors même que l'on connaîtrait
» qu'avant que nous fussions décidés à conseiller le
» voyage, S. M. l'avait déterminé sans nous consulter,

» donné sa parole à votre ambassadeur, de se rendre à
» votre rencontre, fixé le jour; malgré cela, dis-je,
» nous n'éviterons pas l'accusation de n'avoir pas réuni
» nos efforts pour éviter à S. M. une aussi grande
» imprudence. »

L'empereur. Rassurez-vous, chanoine : ni vous, ni
les autres n'aurez de raison de vous affliger. Vous ne
pouviez deviner mes intentions que personne au monde
ne connaissait. D'ailleurs, de fortes raisons politiques, les
données les plus positives semblaient s'élever contre mes
projets. Il vous était aussi bien permis de ne rien craindre sur le sort de votre roi et de votre pays. Il est facile de vous en convaincre par les raisons que vous
m'avez exposées.

Escoiquiz. Cela est certain, sire; mais la multitude
ne juge jamais d'après des faits qu'elle ignore, ou des
maximes politiques au-dessus de sa portée. Elle prononce selon son inclination à croire tout ce qu'il y a
de pire. (Elle a malheureusement bien vu dans cette
circonstance.) On ne nous pardonnera jamais le voyage
de Bayonne.

L'empereur. Quel autre parti auriez-vous pu prendre dans la position où vous étiez, que celui de venir
à Bayonne ?

Escoiquiz. Je n'ignore pas, sire, que notre jeune monarque était, si l'on peut s'exprimer ainsi, enfermé à
Madrid dans le filet que vous teniez à Bayonne. Nos
places fortes, nos provinces voisines de votre empire
vous étaient livrées par la conduite incompréhensible du
prince de la Paix. Soixante-dix mille Français qui entou-

raient la cour, pouvaient s'en emparer et la détruire. Le roi Charles et son épouse étaient prêts à soutenir les entreprises de V. M., par l'influence de leur nom et de leur autorité. Mais qui pourra persuader la vérité à la masse du peuple, dont les esprits ardents, les sots et les malveillants forment l'opinion? Qui pourrait lui ôter l'idée absurde que la faible garnison de Madrid, aidée d'une populace désarmée, était en état de défendre le roi et de détruire l'armée française? Cette ridicule et extravagante confiance séduisit le peuple ignorant de Madrid et la plupart des membres du conseil privé du roi; ce qui eût opposé un obstacle insurmontable au seul moyen (si on eût voulu l'employer) de mettre Ferdinand en liberté. Ce projet, il est vrai, offrit tant de dangers, qu'il n'était pas possible de l'adopter sans être persuadé que V. M. voulait détrôner le roi; et, par malheur, tout portait à penser le contraire.

L'empereur. Quel était donc ce moyen, chanoine?

Escoïquiz. Celui de faire secrètement échapper le roi.

L'empereur. Dans quelle partie du monde l'auriez-vous conduit?

Escoïquiz. A Algésiras où nous avions déjà des troupes, et où nous nous trouvions près de Gibraltar.

L'empereur. Qu'auriez-vous fait ensuite?

Escoïquiz. Toujours constants dans le projet de conserver une alliance étroite et honorable avec V. M., nous aurions proposé de la maintenir, et de nous rendre de suite nos places frontières, après avoir fait retirer les troupes françaises de l'Espagne. En cas de refus, nous aurions fait la guerre à toute outrance, et jusqu'à la dernière extrémité. Voilà quel eût été mon avis, sire, si nous eussions pu connaître vos véritables projets.

L'empereur. Vous aviez raison, c'est là tout ce que vous auriez eu à faire de mieux.

Escoiquiz. Ah! sire, si nous avions eu quelques mois pour nous préparer; si les événemens d'Aranjuez étaient arrivés avant l'entrée de vos armées en Espagne, avant qu'elles eussent eu en leur pouvoir nos places frontières, par l'inexplicable condescendance du misérable prince de la Paix, nous n'éprouverions pas les malheurs qui nous accablent. Notre jeune roi aurait été un allié fidèle et utile à V. M.; et, si elle eût tenté d'exécuter son plan actuel, nous aurions eu assez de forces pour défendre notre pays, sinon pour envahir le sien; mais ce vil, ce perfide favori... pardonnez, sire, si je lui donne les épithètes qu'il mérite.....

L'empereur (en interrompant). Et vous donnez là une fausse idée de lui. Il ne s'est pas si mal conduit dans son administration.

Escoiquiz. Je desirerais vivement, sire, avoir une conférence avec lui en votre présence. V. M. verrait la vérité confondre l'imposture et connaîtrait les fautes de ce malheureux favori, qui resterait pâle et muet devant un accusateur qu'il n'a jamais pu tromper. Je n'ignore pas cependant que la perspicacité de V. M. n'attend pas cette épreuve pour connaître le caractère de ce vil courtisan, et celui des souverains, de la bonté desquels il a abusé. Je n'ai jamais cru que V. M. pût l'estimer, et encore moins méconnaître l'innocence de Ferdinand.

J'aurais cru offenser le plus magnanime et le plus pé-
nétrant des héros, en lui prêtant d'autres sentiments,
quoiqu'il fût obligé de ne pas les laisser connaître par sa
conduite.

L'empereur (souriant). Sans être tout-à-fait d'accord avec vous, chanoine, relativement à ce que vous sup-
posez, je n'ignore pas ce que sont les femmes et les fa-
voris ; mais enfin, la loi suprême des souverains, qui
est celle du bien des états, m'oblige à faire ce que je fais.

Escoiquiz. J'ai épuisé, sire, tout ce que je pouvais
dire à V. M. sur ses affaires ; je regarde comme inutile
d'insister davantage, et je me borne à la supplier humble-
ment de consulter plutôt l'équité et la générosité de
son cœur, que la voix souvent incertaine de la politique, avant de mettre son projet à exécution.

L'empereur (souriant et me tirant avec force l'o-
reille). Mais vous ne voulez donc pas absolument, chanoine, entrer dans mes idées.

Escoiquiz (souriant aussi). Je souhaiterais, au contraire, sire, que V. M. suivît les miennes, lors même
qu'il devrait m'en coûter les oreilles. Nos intérêts sont
opposés, et je m'en afflige davantage parce que mon admiration pour V. M. n'a fait qu'accroître depuis que
j'ai l'honneur de lui parler. Il m'aurait été bien agréable
de lui plaire en me conformant à sa volonté, mais mon
devoir s'y oppose, et V. M. me rendra sans doute justice.

L'empereur. Oui, je vous la rends, chanoine ; elle
vous est due. Vous vous êtes comporté en honnête
homme, et en sujet fidèle.

Ce jour-là et les jours suivants, l'empereur parla sur le même ton, des mêmes affaires avec les ducs de l'Infantado, de San-Carlos, et avec don Pedro Cevallos, ministre d'état du jeune roi, soit séparément, soit réunis, soit en ma présence. En vain les uns et les autres invoquèrent, à peu de chose près, les mêmes raisons que j'avais fait valoir. Leur noble franchise, les nouvelles formes qu'ils donnèrent à mes propositions, la force de leurs raisonnements fut inutile ; l'empereur, comme il l'avait dit, avait irrévocablement pris son parti. J'eus encore sans succès, quelques conférences particulières. Nous en eûmes aussi, les trois personnes que je viens de citer, ainsi que moi, avec le général Savary, et le ministre des relations extérieures, M. de Champagny. J'eus aussi une conférence particulière avec M. de Pradt, évêque de Poitiers, aumônier de l'empereur, et ensuite archevêque de Malines ; mais tout cela fut inutile. Un matin, entr'autres, je fis à l'empereur, devant le roi Ferdinand et devant son frère, l'infant don Carlos, un assez long discours, par lequel, après avoir retracé légèrement ce que j'avais précédemment développé, je cherchai à l'émouvoir au nom de sa gloire, et par la compassion que devaient lui inspirer de malheureux princes, véritables orphelins, puisqu'ils trouvèrent dans leurs parents la haine la plus implacable en échange des sentiments les plus respectueux. J'étais ému, je parlai avec tant de force et de sensibilité que je vis un instant l'empereur attendri ; mais il s'en aperçut aussi, et pour dissimuler son émotion, il m'interrompit brusquement, se retourna du côté des princes, en disant : *ce chanoine a beaucoup d'amitié pour Vos Altesses.* La conversation devint générale, et ma dernière illusion fut détruite. Dans la soirée de ce même jour, S. M. I., conférant avec le duc de l'Infantado, lui dit en plaisantant : *le chanoine m'a fait ce matin une harangue dans le genre de celles de Cicéron ; mais il ne veut absolument point adopter mon plan.* Ce fut là tout le fruit de mon éloquence cicéronienne.

N°. IV.

D. N. à D. Juan Escoiquiz, à Vittoria (où ce dernier était avec Ferdinand VII).

Bayonne le 17 avril, deux heures après midi.

Mon cher ami, D. Joseph Hervas, digne de notre estime par les services qu'il nous a rendus ici, et par ses qualités personnelles, vous remettra cette lettre. Il voyage avec le colonel Savary ; les équipages destinés à l'infant les suivent, et il a un courrier qu'il pourra expédier si la chose est nécessaire. Le général porte une lettre de l'empereur à S. M., probablement elle est satisfaisante, et vous dira que les choses changent ici de face. S. M. I. desirant toujours une entrevue avec notre souverain, venez à Tolosa, d'où l'on s'entendra avec l'empereur pour fixer le lieu, l'heure et le jour ; on s'expliquera de tout avec le général Savary chargé de rapporter une réponse. Le résultat de nos entretiens ici est que sans montrer de défiance, il faut insister pour que l'entrevue ait lieu sur les terres d'Espagne, sur le pont d'Irun, à Irun même, ou dans la maison de campagne du comte de Torre-Alta, qui occupe une belle position entre Irun et Fontarabie. Il faut éviter à la nation les craintes qu'elle peut avoir pour les suites de l'entrée du roi dans un pays où il n'est point encore reconnu.

D'après les conversations de ses confidents, et ce qu'il dit hier au duc de Frias, l'empereur est de bonne foi. Il donne le titre de frère au roi, et n'hésitera pas à le reconnaître après la conférence dont il s'agit ; voilà l'urgent, et nous obtiendrons le reste avec la grâce de Dieu.

Votre ami. F.

Vu et approuvé ,

Votre P. ami. V (1).

N°. V.

Le même, au même.

Bayonne, 18 avril 1808.

Très estimable ami, j'ai conseillé autrefois, d'après des renseignements secrets et les bruits qui circulaient

---

(1) Je ne dis pas les noms des signataires de cette lettre ni de la suivante ; cela pourrait leur causer des désagréments, quoiqu'ils ne soient coupables que d'avoir été trompés comme nous. L'avis donné d'attendre l'empereur à Irun était mauvais ; c'était fournir, en marquant de la défiance, un prétexte de rupture. Environnés déjà de troupes françaises, nous courrions les mêmes dangers qu'à Bayonne.

J'ai les originaux des lettres dont il s'agit.

(*Note de l'auteur.*)

généralement, de rester en Espagne jusqu'à ce qu'on sût la vérité; aujourd'hui je répète ce que je vous écrivis avant-hier : *une entrevue du roi et de l'empereur est indispensable.* Il paraît que S. M. I. est mécontente du retard de notre souverain, et de ce que l'Infantado et vous ne l'avez pas précédé pour traiter à l'avance l'affaire importante dont il s'agit. Je dois vous dire que tout va au plus mal, et qu'il ne dépend plus de nous d'éviter un naufrage. Arrivez tous au plus vite, ou au moins l'Infantado et vous, munis d'une lettre pour l'empereur; vous lui ferez entendre la vérité, et peut-être éviterez-vous de grands malheurs; je vous supplie encore de venir, c'est pour le bien du roi, son salut, celui de sa famille et de la patrie.

Votre ami N.

Mon ami, j'ajoute à ce qui est dit plus haut qu'il faut venir avec le roi, et avoir une explication détaillée avec l'empereur pour qu'il sache la vérité sur ce qui s'est passé; sans cela nous sommes perdus. C'est l'opinion de votre ami F.

Lettre (1) *de S. M. l'empereur des Français, etc., etc., etc., etc., à S. A. royale le prince des Asturies, datée de Bayonne le 16 avril 1808.*

Mon cousin, j'ai reçu la lettre de V. A. R. Elle a dû

---

(1) Buonaparte avait eu soin, en faisant imprimer dans son *Moniteur* du 5 février 1810, la lettre suivante, d'en retrancher le passage qui avait rapport au mariage projeté entre Fer-

se convaincre, par l'inspection des papiers de son auguste père, de l'estime que j'ai toujours eue pour sa
personne. V. A. me permettra, dans les circonstances
présentes, de lui écrire avec franchise et sincérité. J'a-
vais conçu l'espoir, qu'à mon arrivée à Madrid, je pou-
rais engager mon illustre ami à faire quelques réfor-
mes nécessaires dans ses états, et qui eussent été très
agréables à la nation. Le renvoi du prince de la Paix me
paraissait indispensable pour son bonheur et les intérêts
de son peuple. Les affaires du nord ont retardé mon
voyage, et les événements d'Aranjuez sont survenus. Je
ne m'établis pas juge de ces événements, ni de la conduite du prince de la Paix; mais il est certain qu'il est
très dangereux pour les rois d'accoutumer leurs sujets
à répandre le sang, et à se faire justice eux-mêmes.
Je prie Dieu que V. A. ne fasse pas un jour cette épreuve.
Il ne conviendrait pas aux intérêts de l'Espagne d'agir
avec sévérité, contre un prince qui est uni à une princesse du sang royal, et qui a si long-temps gouverné
le royaume. Il n'a plus d'amis. V. A. R. n'en trouverait pas davantage, si elle cessait d'être heureuse. Les
peuples se vengent avec empressement des hommages
qu'ils nous rendent. D'ailleurs, comment le prince de

---

dinand VII et la fille de Lucien Buonaparte son frère, et
nous l'avons rétabli en lettres italiques. Le général Savary
avait eu ordre d'annoncer au malheureux Ferdinand, que la
prétendue princesse était en route pour Bayonne, et que les
robes de noce, joyaux, etc., étaient déjà préparés.

(*Note du traducteur.*)

la Paix pourrait-il être jugé, sans qu'on impliquât dans
le procès, le roi et la reine, ses augustes parénts ? Une
semblable procédure fomenterait des animosités, et
exciterait des passions séditieuses, dont le résultat pourrait être fatal à votre couronne. V. A. R. n'a en cela
d'autres droits, que ceux que lui a transmis sa mère. Si
la cause blesse son honneur, V. A. R. détruit par-là ses
propres droits. Que V. A. R. ne prête pas l'oreille à de
faibles et perfides conseils. Elle n'a pas le droit de tra-
duire en jugement le prince de la Paix. Ses crimes, si
aucuns lui sont imputés, disparaissent, et se perdent
dans les droits du trône. J'ai fréquemment exprimé le
vœu, que le prince de la Paix fût éloigné de l'administration des affaires. Si je n'ai pas persévéré dans
mes demandes, c'était à cause de mon amitié pour le
roi Charles, et du desir de fermer les yeux (s'il était
possible) sur la faiblesse de ses attachements. Misérables hommes que nous sommes ! faiblesse et erreur,
voilà notre lot ! Mais un arrangement peut avoir lieu.
Le prince de la Paix peut être banni d'Espagne, et je
puis lui offrir un asyle en France.

Pour ce qui est de l'abdication de Charles IV, cet
événement ayant eu lieu au moment où mes armées
étaient en Espagne, il pourrait sembler aux yeux de
l'Europe et de la postérité, que j'avais envoyé toutes ces
troupes uniquement dans l'intention de chasser mon
ami et allié de son trône. Comme souverain voisin, je
dois prendre moi-même connaissance de toutes les circonstances qui sont survenues, avant de reconnaître
son abdication. Je déclare à V. A. R., aux Espagnols,

et au monde entier, que si l'abdication du roi Charles a été volontaire, et s'il n'y a pas été forcé par l'insurrection et les troubles d'Aranjuez, je ne fais aucune difficulté de regarder et de reconnaître V. A. R. comme roi d'Espagne. J'ai en conséquence le plus vif desir de conférer à ce sujet avec V. A. R. La circonspection que j'ai observée tout le mois dernier sur ce point, doit convaincre V. A. de l'appui qu'elle trouvera en moi, s'il arrivait jamais que des factions d'une nature quelconque menaçassent la tranquillité de son trône. Lorsque le roi Charles m'informa des événements du mois d'octobre dernier, cette communication me causa la plus grande peine. Je me flatte que mes représentations contribuèrent à l'heureuse issue des affaires de l'Escurial. V. A. R. n'est pas tout-à-fait exempte de blâme; et la lettre qu'elle m'a écrite, et dont j'ai toujours cherché à perdre le souvenir, en est une preuve suffisante. Lorsque vous serez roi, vous saurez combien les droits du trône sont sacrés. Tout recours d'un prince héréditaire, à un souverain étranger, est criminel.

Le mariage d'une princesse française avec V. A. R., dans mon opinion, s'accorde avec les intérêts de mon peuple, et je le regarde plus spécialement comme une circonstance qui m'unirait par de nouveaux nœuds à une maison dont j'ai à me louer de toute manière, pour la conduite qu'elle a tenue depuis l'époque de mon avènement au trône. V. A. doit redouter les suites que pourraient avoir les commotions populaires. Il serait possible qu'on commît des assassinats sur quel-

ques soldats isolés de mon armée; mais ils ne mène-
raient qu'à la ruine de l'Espagne. J'ai appris avec re-
gret qu'on a fait circuler à Madrid quelques lettres
de mon capitaine général en Catalogne, et qu'elles ont
produit une sorte de fermentation. V. A. R. connaît
les sentiments les plus secrets de mon cœur; elle verra
que mon attention flotte sur différentes idées qui ont
besoin d'être fixées; mais elle peut être assurée que, dans
tous les cas, je me conduirai envers elle de la même manière que je l'ai fait envers le roi son père. Je prie
V. A. R. d'être persuadée de mon vif desir de tout amener à une heureuse fin, et de trouver l'occasion de
lui donner des preuves de mon affection et de ma
parfaite estime.

Mon cousin, je prie Dieu qu'il vous ait en sa sainte
et digne garde.

Bayonne, le 16 août 1808.

Signé, NAPOLÉON.

N°. VI.

Le docteur Ostolaza à S. Ex. D. Juan Escoiquiz.

Votre Excellence m'a adressé des plaintes amicales et
fondées, concernant un sermon politique et moral que
j'ai prêché et fait imprimer à Cadix pendant la captivité
du roi, et qu'on a réimprimé ensuite à Malaga, chez
Martinez dans l'ouvrage intitulé : *Ferdinand VII à Va-*
lençai.

J'avoue à V. Ex. que le court séjour que je fis à Valençai, mon ignorance de la langue française, les renseignements qu'on me donna sur la famille du prince de
Bénévent, mon zèle pour la conservation des mœurs et
de la piété de notre jeune souverain et des infants, m'ont
fait mal juger la famille de Talleyrand et ses projets, ainsi
que la conduite du duc de San-Carlos et la vôtre.

J'eus, en prêchant, le dessein de faire ressortir la
vertu des princes en peignant des plus vives couleurs
les discussions que je croyais avoir existé à leur égard.
Si je ne vous rendais pas justice alors ainsi qu'au duc de
San-Carlos, et notamment sur la lettre au roi intrus,
c'est que j'ignorais ce que j'ai su depuis (1).

Ma déclaration, que la vérité a pu seule obtenir, est
franche et sincère; elle prouve au duc de San-Carlos et
à V. Ex. que je sais réparer mes torts en honnête homme
et en chrétien. Je desire que Votre Ex. fasse imprimer
cette note, pour détruire les préventions que mon sermon a pu donner.

Je prie le Seigneur d'accorder à V. Ex. beaucoup
d'années.

BLAS OSTOLAZA.

Madrid, 4 juin 1814.

---

(1) Le señor Ostolaza prit de bonne foi pour la province de
Navarre, le château de *Navarre*, situé près de Paris, et cédé
par Napoléon à Ferdinand VII par le traité de Bayonne.
Voyez page 23 de l'écrit cité. (*Note de l'auteur.*)

N°. VII.

Opinion écrite de D. Juan Escoiquiz, remise au conseil-général tenu le 27 avril 1808 à Bayonne, par ordre de Ferdinand VII.

« En suite des ordres de S. M. qui enjoignent aux
» membres de son conseil et aux personnes marquantes
» de sa suite d'émettre par écrit leur opinion sur cette
» question, *S. M., dans la position critique où elle est,*
» *doit-elle faire l'abdication qu'on lui demande ?* je dé-
» clare que je ne suis point d'avis que cette abdication ait
» lieu. Pour quoi j'ai signé. »

J. ESCOIQUIZ.

Bayonne, 27 avril 1808.

Afin qu'il fût ajouté foi au présent, il a été signé
P. Cevallos, et scellé du sceau royal à Bayonne, le 30
avril 1808.

Nota. Chaque votant reçut une copie de son vote.

Proclamation du prince des Asturies et des infants D. Carlos et D. Antonio, adressée aux Espagnols par suite du traité de Bayonne.

D. Ferdinand, prince des Asturies, et les infants D.
Carlos et D. Antonio sont vivement émus de la confusion qui règne en Espagne, et des malheurs qui me-

nacent les Espagnols dont ils ont reçu tant de preuves de dévouement et de fidélité. LL. AA. pensent qu'en rendant publics les motifs de leur conduite, la nation saura les apprécier, et ne s'opposera pas à l'exécution de ce qui a été arrêté.

Lorsque, par l'abdication du roi son père, le prince Ferdinand reçut la couronne, plusieurs provinces, les places fortes des frontières étaient au pouvoir des Français, et soixante mille soldats occupaient Madrid et ses environs. Cet état de choses et des renseignements que chacun ne peut avoir, déterminèrent LL. AA. à se rendre à Bayonne.

Le prince (alors roi), arrivé dans cette ville avec les infants, apprit que son père avait protesté contre son abdication, et il lui rétrocéda, par amour filial, la couronne qu'il avait acceptée lorsqu'il la crut abandonnée librement. Charles IV céda ensuite ses droits à l'empereur des Français pour qu'il choisît, dans l'intérêt de la nation, la personne et la dynastie destinées à régner en Espagne.

D'après cela, et en considérant leur position et celle de l'Espagne; dans la persuasion que toute résistance en leur faveur ferait couler des torrents de sang, et amènerait le démembrement des provinces du royaume et la perte des colonies; réfléchissant à l'assurance offerte par l'empereur de conserver l'indépendance et l'intégrité du territoire espagnol dans les deux Mondes, d'y maintenir l'unité de la religion catholique, la sûreté des propriétés particulières, les lois et les coutumes en vigueur, LL. AA.

pour assurer la prospérité de l'Espagne, sacrifient, *au-tant qu'il est possible*, leurs intérêts particuliers à l'intérêt général, et adhèrent par cet acte comme par une précédente convention, à la cession de leurs droits au trône; dégageant les Espagnols de toute obligation à leur égard, et leur recommandant d'attendre en repos l'effet des vues sages et du pouvoir de S. M. I. qui doivent leur procurer le bonheur, *unique objet des souhaits de LL. AA.*

Bordeaux, le 12 mai 1808.

DU MASSACRE

DES HABITANTS DE MADRID,

LE 3 MAI 1808.

On a vu dans l'ouvrage de D. J. Escoiquiz, et dans les notices sur l'infant D. Antonio, ainsi que sur le ministre Azanza, quelles furent les causes de l'événement malheureux dont il s'agit; il y a même peu de choses à ajouter aux détails que l'on connaît. Nous nous bornerons donc à rappeler que MM. Azanza, O-Farill et le général Harispe se dévouèrent pour le rétablissement de l'ordre.

On sait qu'aux premiers coups de feu qui retentirent dans l'intérieur de la ville, les deux ministres espagnols s'élancèrent à cheval, et coururent à toute bride au-devant de Murat, alors à la tête d'une colonne de troupes, sur le chemin qui conduit de la porte Saint-Vincent au palais; qu'ils le touchèrent, en lui peignant les scènes d'horreurs qui allaient avoir lieu, et revinrent dans Madrid, accompagnés du général Harispe, alors chef d'état-major du maréchal Moncey, et de quelques officiers français et

espaguols. Cette troupe se présenta à la porte du
conseil de Castille et du conseil suprême de la
guerre, en fit sortir les membres qui se réunirent à elle, et parcoururent ensemble les rues,
en faisant cesser les hostilités.

Ils sauvèrent la vie à plusieurs marchands
catalans arrêtés par les Français dans la rue
d'Alcala ; ces malheureux allaient être fusillés
comme ayant été pris les armes à la main, lorsqu'on fit connaître qu'ils avaient le privilége,
à cause de leur négoce, de marcher toujours
armés, et même de conserver des armes à feu
dans leur domicile. D. Francisco Negrete, capitaine-général de Castille, avait fait rentrer
dans leurs casernements toutes les troupes espagnoles, et s'était opposé d'abord à ce que le
peuple enlevât les armes réunies au parc d'artillerie ; mais trompés ensuite par le faux avis
qu'un régiment espagnol était attaqué dans ses
casernes, les canonniers ouvrirent les portes,
sortirent avec du canon, firent feu sur une colonne française qui les attaqua, et perdirent
beaucoup de monde, principalement quelques
officiers distingués. Les Français conçurent
alors une haine particulière contre les artilleurs
espagnols ; plusieurs furent fusillés après le rétablissement de la tranquillite, dans les can-
tonnements où ils avaient été conduits prison-

niers; mais le 3, tous les prisonniers furent rendus, et la commission militaire, qui dans la nuit avait ordonné diverses exécutions, fut supprimée. Murat, content du nombre des victimes déjà immolées, donna contre-ordre aux corps qui s'étaient portés sur Aranjuez, Tolède et l'Escurial, ainsi que sur les hauteurs dominant la *Casa del Campo* et les casernes du *Retiro*.

Les lettres suivantes feront connaître les dispositions du grand-duc lorsqu'il vint occuper Madrid, et la prudence qu'employèrent l'infant D. Antonio, ainsi que les membres de la junte suprême de gouvernement, pour éviter toute scène sanglante à la capitale de l'Espagne.

Lettre du grand-duc de Berg à S. A. l'infant D. Antonio.

Monsieur et cousin,

Je viens d'être informé qu'il y a eu des émeutes populaires à Burgos et à Tolède, et que la populace soulevée par nos ennemis communs, et par des misérables qui ne vivent que de crime et de pillage, s'est livrée à de grands désordres : à Burgos, l'intendant de la province a failli être victime de son zèle; il a dû la vie à un Français qui l'a arraché, couvert de blessures, des mains de ces forcenés. Són crime, à leurs yeux, était la probité avec laquelle il remplissait ses devoirs. Le général Merle s'est vu forcé de dissiper ce rassemblement à coups de fusil : les plus mutins sont restés sur le champ de bataille, et le reste a pris la fuite. Cette mesure a rétabli la tranquillité et arrêté la fureur populaire, attisée par le désir de piller et d'incendier les maisons des plus riches propriétaires. A Tolède, on a tout récemment commis quelques pillages; on a brûlé plusieurs maisons; et, pour la seconde fois, la force armée espagnole a laissé le champ libre à la fureur de la populace. L'annonce d'une gazette extraordinaire, qui devait être répandue à dix heures du soir, a occasionné hier un rassemblement dans cette ville. Tous les habitants de Madrid ont hautement crié contre cette annonce, et il a fallu que je connusse aussi parfaitement la pureté des intentions de tous les membres de la junte de gouvernement, pour ne pas me croire autorisé à penser qu'elle-même avait formé le projet de faire saccager la ville.

Je le déclare à V. A. R. , l'Espagne ne peut rester plus long-temps livrée à une anarchie semblable : l'armée que je commande ne peut, sans se déshonorer, laisser commettre de pareils

attentats. « Je dois sûreté et protection à tous
» les bons Espagnols, je le dois surtout à la bonne
» ville de Madrid, qui s'est acquise des droits
» éternels à notre reconnaissance, par l'enthou-
» siasme qu'elle a témoigné, et par la bonne
» réception que nous lui devons depuis notre
» entrée dans ses murs » : je dois par votre organe
faire cesser toutes les inquiétudes, rassurer le
propriétaire, le négociant et l'habitant paisible
de toutes les classes ; je dois vous dire enfin,
pour la dernière fois, que je ne peux permettre
aucun rassemblement. Je ne verrai que des
séditieux, ennemis de la France et de l'Espagne, dans les individus qui oseraient encore se
réunir ou répandre l'alarme. Hâtez-vous donc
d'annoncer à la capitale et à l'Espagne ma généreuse résolution, et si vous ne vous trouvez
pas assez fort pour répondre de la tranquillité
publique, je m'en chargerai plus directement.
J'aime à croire que V. A. R., la junte de gouvernement et la nation espagnole applaudiront
à cette détermination, et trouveront en elle
une preuve nouvelle de mon estime et de mon
desir constant de contribuer au bonheur de ce
royaume. Que les agents de l'Angleterre, que
nos ennemis communs perdent l'espoir d'armer l'une contre l'autre deux nations amies,
si essentiellement unies par leurs intérêts réci-

proques ! Les bons Espagnols n'auront pu se dispenser de voir dans l'attitude tranquille que j'ai constamment gardée, combien l'armée est loin de se laisser entraîner par de perfides suggestions, et que nous n'avons jamais confondu la partie saine de la nation avec de misérables intrigants.

Sur cela, je prie Dieu, Monsieur et Cousin, qu'il vous ait en sa sainte et digne garde.

JOACHIM.

Madrid, 23 avril 1808.

Lettre de l'infant D. Antonio au grand-duc de Berg.

MON CHER COUSIN,

J'ai différé jusqu'à aujourd'hui de répondre à la lettre de V. A. I., que j'ai reçue hier matin à onze heures, dans l'espoir de réunir de plus amples informations sur les événements de Burgos et de Tolède, dont V. A. I. fait mention.

.Je ne sais rien officiellement de ce qui s'est passé à Burgos, sans doute parce que S. M. se trouvant plus près de cette ville, on lui aura adressé les rapports. On m'a seulement assuré que la détention d'un courrier espagnol par un détachement de troupes françaises est ce qui a occasionné quelques désordres. S'il y a eu dans cette affaire les incidents dont on a informé V. A. I., je ne suis pas étonné de la facilité avec laquelle tout a été apaisé, et encore moins de l'asyle protecteur que l'intendant paraît avoir trouvé dans la discipline et l'humanité du soldat français. Mais si la prudence de ses chefs eût pu empêcher l'effusion du peu de sang qui a coulé, de quelle responsabilité ne sont-ils pas chargés, au milieu d'un peuple qui les a reçus comme des amis et des alliés!

Quant à l'affaire de Tolède, je suis bien instruit de ses détails et des motifs qui ont dû l'occasionner. L'intendant de cette ville, sur l'attestation des témoins les plus impartiaux et du plus haut rang, rapporte quel jour et dans quelle occasion l'adjudant-général français, Martial Thomas, a publié, avec les indices de la plus vive satisfaction, qu'il savait d'office que l'empereur des Français était résolu à replacer Charles IV sur le trône, et que le roi régnant avait déclaré ne l'avoir occupé par *interim*, que pour éviter l'effusion du sang. M. Thomas a ajouté que son général en chef lui communiquait ces nouvelles pour qu'il les rendît publiques, et les annonçât à tous ceux qu'il pourrait en informer.

Cette déclaration est confirmée par le témoignage du cardinal de Bourbon, archevêque de ladite ville, qui, avec sa franchise connue, exprime son étonnement d'un semblable procédé, et V. A. I. sait déjà dans combien d'autres lieux plusieurs généraux et officiers de son armée ont tenu le même langage.

Quoique l'empereur n'ait pas reconnu mon souverain, et se soit montré disposé et même résolu à replacer son auguste père sur le trône, V. A. I. ne sentira pas moins que la déclaration expresse et publique de la volonté de S. M. I. n'étant pas connue, et n'ayant même pas été signifiée par le seul organe qui pouvait la transmettre à la nation espagnole, c'est-à-dire par son lieutenant en Espagne, les démarches spontanées de plusieurs de ses généraux, et la publication d'une déclaration si inattendue, sont subversives de l'ordre public, et destructives du parfait accord qui existe entre les deux nations; accord auquel ajoutent un si grand prix la gloire de l'empereur et la confiance qu'a inspirée à la nation entière le desir qu'il a manifesté de voir notre souverain.

La distribution d'une seconde gazette extraordinaire, avant-hier au soir, n'avait pour but que de tranquilliser le plus possible les esprits; cette intention patriotique n'a pas été trompée, malgré l'impatience avec laquelle on attend d'ordinaire un grand bien; et assurément aucun Espagnol honnête, aucun étranger impartial n'a pu se tromper un seul instant, ni former le moindre doute sur la pureté des intentions de ceux qui gouvernent la nation.

Lorsque les détails des événements de Burgos et de Tolède me seront parvenus, j'apprécierai leur importance, et porterai sur eux un jugement sévère. Jusque-là V. A. I. est minutieusement informée du très petit nombre de disgrâces et de différends survenus entre les troupes qu'elle commande et les habitants du royaume; la liste en est si peu considérable, que je suis persuadé que V. A., jugeant d'après l'expérience qu'elle a du commandement, en sera elle-même étonnée. Lorsque S. M. I. et R., réunissant à la connaissance de ces faits l'exactitude de ses calculs, supputera avec équité les subsistances que peuvent fournir les provinces les plus pauvres du royaume, le manque de bras pour augmenter les ressources, et celui des moyens de transport; lorsqu'elle saura avec quelle ponctualité et avec quelle abondance ses troupes ont été pourvues; lorsqu'elle connaîtra la régularité et le bon ordre qui ont constamment régné dans ce service, elle ne pourra pas en conclure que l'Espagne a été sans gouvernement, et moins encore livrée à l'anarchie, dans les circonstances critiques, du moment où une armée de cinquante mille hommes qui ne devait faire que passer par la capitale, l'occupe et l'entoure depuis plus d'un mois, sans reconnaître encore le souverain et le chef du gouvernement.

V. A. I. est un trop juste appréciateur de la vérité, pour ne pas reconnaître dans toute son étendue la sincérité de ce rapport, lorsqu'elle saura que, depuis quatre ou cinq ans, les deux Castilles ont perdu par les épidémies, la stérilité et les suites de la guerre avec l'Angleterre, plus d'un tiers de leur population, et en proportion les mules, les bœufs, chevaux et autres animaux employés aux transports, aux charrois et au labourage ; et qu'à cette époque récente et malheureuse, on y introduisit, soit du dehors, soit des autres provinces, près de dix-huit millions de fanègues de grains et farines de toute espèce.

A l'égard de tous les autres articles contenus dans la lettre précitée, la junte de gouvernement met son espoir dans la sagesse et les vues bienfaisantes qui dirigent toutes les opérations de V. A. I. ; la junte, n'ayant jamais cessé d'en éprouver les effets, ne craint pas de la part de V. A. I. un ordre capable de détruire l'œuvre si solidement cimenté, de la paix et de la conciliation.

Le suprême conseil de Castille, dans sa proclamation d'hier, a renouvelé les peines éta-
blies si sagement par nos lois contre les séditieux, ceux qui affichent des placards ou ré-
pandent des pamphlets ; et son zèle notoire
s'étend même jusqu'à prévenir les réunions
populaires les plus innocentes, telles que celle
d'avant-hier au soir.

Ce même conseil se plaint des inquiétudes
et des désastres qu'ont pu occasionner, lorsque
le peuple était tranquille, les procédés de quelques généraux français ; il assure et proteste à
V. A. I. que ces causes étrangères une fois dé-
truites, il trouvera plus de puissance qu'il n'en
a besoin pour assurer la tranquillité publique,
et la rendre inaltérable dans la confiance que
la nation lui accorde, dans l'esprit excellent
qui anime actuellement tous les Espagnols, et
dans les mesures prudentes de leurs magis-
trats, si ponctuellement obéis par les citoyens
honnêtes. La junte de gouvernement embrasse
avec la même confiance les sentiments du conseil, et a en outre en sa faveur, pour sa plus
grande conviction, l'avantage d'avoir connu
de plus près les intentions droites et bienveil-
lantes de V. A. I., et la discipline admirable
de ses troupes. J'ai, etc.,

Palais de Madrid, 24 avril 1808.

II..

Sire ,

Cette nuit même la junte de gouvernement venait de se réunir dans l'appartement de l'infant Don Antonio , lorsque s'est présenté le général Belliard , pour informer Son Altesse que le grand-duc de Berg desirait communiquer des affaires importantes à deux individus investis de la confiance de la junte : D. Miguel-Joseph de Azanza et D. Gonzalo O-Farrill nommés à cet effet , se sont rendus chez S. A. I. à 8 heures et demie, et ont été de suite introduits dans son cabinet intérieur avec M. la Forest. Le grand-duc , prenant la parole , a déclaré qu'il allait parler comme lieutenant de l'empereur et général de ses armées en Espagne: qu'en vertu des ordres réitérés de S. M. I., il devait replacer sur le trône le roi Charles IV, et qu'avant d'en informer d'office la junte de gouvernement, il voulait discuter avec ses députés les deux seuls moyens qu'il avait pour exécuter ces dispositions : le premier était l'adhésion de la junte à la déclaration expresse , en vertu de laquelle l'auguste père de V. M. ressaisissait sa couronne; et le second , l'emploi de la force. Dans cette discussion aussi scabreuse que pénible pour les deux députés , il n'y a pas un seul trait essentiel qu'ils ne se soient efforcés de repousser, en posant pour principe incontestable qu'ils ne reconnaîtraient jamais d'autre autorité que celle de V. M., et déclarant qu'ils étaient bien persuadés que la junte, les conseils et tous les corps du royaume penseraient comme eux sur ce point; ils ont fait envisager à S. A. I. les conséquences funestes à la nation, aux troupes françaises, et à la gloire de l'empereur, qui résulteraient de l'usage et de l'emploi de la force dans l'exécution d'un ordre si extraordinaire. Enfin, après que le grand-duc eut répété qu'il était obligé de remplir, dès le lendemain au matin, les ordres de l'empereur, S. A. I. cédant aux arguments et aux obstacles invincibles qui lui ont été opposés, en est venue à proposer aux députés, que le roi Charles passât, à la junte de gouvernement, une déclaration qui se réduirait à annoncer qu'il reprenait sa couronne, vu que son abdication avait été forcée, et que la junte, dans un simple avis de réception, répondrait qu'elle l'envoyait à V. M. comme à son seigneur et roi, pour qu'en ayant pris connaissance, il fît entendre sa souveraine détermination ; qu'ensuite de cela, le roi et la reine se mettraient en route pour la frontière, à l'effet de s'aboucher avec V. M. et l'empereur ; que jusque-là le roi Charles IV n'exercerait aucun acte d'autorité;

qu'il ne passerait pas par la capitale ; que les
conseils et les tribunaux n'auraient aucune
connaissance de tout ceci, et qu'ils continue-
raient, comme par le passé, à agir au nom de
V. M. ; que la junte de gouvernement ne re-
connaîtrait d'autres ordres que ceux de V. M.;
que, dans l'ordre du jour de l'armée française,
il ne serait fait mention de rien, et que LL. MM.,
le grand-duc et la junte garderaient, sur le tout,
le plus profond secret. Attendu que la discussion qui a conduit à ce résultat, ne s'est termi-
née qu'à minuit, les députés, suivant ce qui a
été arrêté par la junte, remettent à demain l'envoi des détails circonstanciés, des articles ex-
posés succinctement dans cette lettre. La junte
de gouvernement, informée de tout ce qui a été
dit dans cette conférence, et ayant examiné
avec une attention minutieuse ce qui a été proposé en dernier lieu, est restée d'accord que
les mêmes députés retourneraient auprès de S.
M. I. pour lui annoncer qu'elle souscrivait,
quoique pénétrée de douleur, à la mesure in-
diquée, de remettre à V. M. la déclaration
précitée de son auguste père, mais sous la
ferme protestation de son adhésion aux principes adoptés par les députés, et sous la condition que les articles convenus, seraient fidèlement exécutés. Lorsqu'on a rapporté cette

réponse au grand-duc de Berg, S. A. I. a dit, qu'elle allait dépêcher un courrier à l'empereur, et que, le lendemain, il se rendrait à l'Escurial pour instruire le roi Charles IV de ce qui avait été arrêté. La junte de gouvernement aurait desiré obtenir un meilleur résultat d'une discussion aussi embarrassante; mais V. M. appréciera ses efforts pour concilier son devoir et sa fidélité religieuse à V. M., avec le besoin de prévenir des ruptures et des désastres qui pourraient produire des maux incalculables.

SIRE,

Aux pieds de V. M.,

SEBASTIAN PINUELA, GONZALO O-FARRILL, FRANCISCO GIL., MIGUEL JOSEPH DE AZANZA.

Madrid, 17 avril 1808, à 3 heures et demie du matin.

SIRE,

« Les deux députés de la junte de gouvernement, pour la conférence qui eut lieu hier au soir avec le grand-duc de Berg, continueront de présenter, à V. M., les réflexions et les propos qu'ils y entendirent, parce que l'affaire est de si grande importance, qu'on ne doit rien laisser ignorer à V. M.

» Sur l'abdication, S. A. I. la qualifia plusieurs fois de forcée, en disant que l'auguste père de V. M. l'avait donnée au milieu de l'insurrection d'une troupe révoltée, du tumulte et des cris du peuple, et, enfin, lorsque l'on insultait le plus hautement son favori; que cette abdication avait été provoquée par quelques uns de ses ministres; que le roi, père, avait fait sa protestation, en donnant à entendre qu'il l'avait envoyée à l'empereur. M. la Forest ajouta qu'après une abdication de cette nature, le roi père était dans ses droits lorsqu'il reprenait la couronne. Les députés s'attachèrent d'abord à rectifier une opinion aussi erronée, et instruisirent S. A. I. de l'unique but que se proposaient tous ceux qui, ce jour-là, entouraient S. M., qui n'était autre que d'empêcher sa retraite en Andalousie, et, par suite, une rupture avec la France, et les résultats les plus avantageux à l'Angleterre, notre commune ennemie, si, comme il était probable, la cour en venait à s'embarquer pour l'Amérique. Nous dîmes que le roi père avait, plusieurs mois auparavant, eu la pensée d'abdiquer la couronne; que lorsqu'il communiqua ses intentions à ses ministres, il se montra si résolu à exécuter cette détermination spontanée, qu'il leur ôta la faculté de lui faire la

moindre observation ; qu'il le déclara ainsi au
corps diplomatique , qui se trouvait alors à
Aranjuez, et que, dans un entretien avec S. A.
R. l'infant Don Antonio, son frère, il lui avait
dit qu'il n'avait jamais rien signé avec plus de
plaisir. Nous assurâmes S. A. I., comme un fait
notoire et facile à prouver, que, durant les
jours et les heures qui précédèrent cette abdication, on entendit constamment les cris de
vive le roi! que V. M. ne se montra jamais au
peuple et à la troupe, sinon comme un fils obéissant et un sujet fidèle ; que la même troupe et
le même peuple considèrent toujours V. M.,
comme tel, et que V. M. appelée dans l'appartement de son auguste père , entendit, de sa
propre bouche, la déclaration de la renonciation volontaire à la couronne, et les désirs qu'il
éprouvait de voir V. M. plus heureuse et plus
tranquille qu'il ne l'avait été lui-même pendant
son règne ; que, sans entrer dans ces détails, la
question se réduisait à savoir si l'abdication
avait le caractère légal nécessaire pour qu'elle
fût reconnue et acceptée. Les deux députés di-
rent que les secrétaires du cabinet, les conseils,
les tribunaux, les députés des provinces, en un
mot tous les corps constitués pour valider des
actes de cette nature, en avaient jugé ainsi ; et,
s'apercevant qu'on avait induit en erreur le

grand-duc de Berg, en lui faisant entendre qu'il était indispensable que V. M. fût proclamée roi dans toutes les villes du royaume, ils ont fait connaître à S. A. I., que cette circonstance n'ajoutait rien à la force et à la légalité de cet acte, et ne contribuait qu'à lui donner plus de publicité ; que les ordres étaient expédiés pour que cette proclamation eût lieu, mais ajournée jusqu'à ce que le jour en fût fixé ; que dans tous les royaumes d'Espagne, V. M. était déjà reconnue pour maître et seigneur ; et qu'on avait envoyé à ceux d'Amérique, et par quatriplicata, l'avis de l'avènement de V. M. au trône, par l'abdication volontaire de son auguste père. M. de la Forest poussa plus loin ses réflexions, sans s'attacher à la véritable question; entre autres choses, il dit que l'empereur ne pouvait se montrer indifférent à un changement de souverain dans un pays ami et allié, sachant que ce changement avait été provoqué par le peuple ou par la troupe; que les principes qui doivent unir des états confédérés exigeaient qu'un pareil exemple ne prévalût pas; que sa gloire était intéressée au rétablissement d'un roi son ami, qui n'avait jamais cessé de se montrer son fidèle allié, et qui, comme tel, avait reçu ses troupes. De la discussion de tous ces points, et surtout de celle

de l'abdication , il fut déduit par les députés ,
que , suivant que leurs adversaires le jugeaient
convenable , ils regardaient le roi Charles IV,
tantôt comme agissant d'après sa volonté, tantôt comme obéissant à une influence étrangère,
et que, dans ce dernier cas, ils jetaient toute la
faute sur D. Emmanuel Godoy.

» Les envoyés de la junte ont cru s'aper-
cevoir , aux propos du grand-duc, qu'on l'a-
vait soulagé d'un grand poids , en adoptant
l'expédient proposé hier soir , expédient qui ,
s'il ne remplissait pas du premier abord l'ordre
de l'empereur , qu'il nous montrait comme positif , donnait du temps , et permettait d'attendre les effets d'un accord entre V. M., son auguste père et l'empereur. S. A. I. répéta plusieurs fois que l'Espagne ne perdrait pas un
seul village, que les privilèges des provinces
n'éprouveraient aucun changement, que la
constitution serait améliorée , et qu'elle entre-
rait d'une manière plus active que jusqu'à ce
jour, dans le grand système de la confédération
du midi. Les envoyés ont plusieurs raisons de
croire que ce système fédératif du midi est, et
a été le but principal de l'entrée et de la réunion des troupes françaises en Espagne, et que
peut-être l'empereur croit pouvoir le réaliser
plus complètement, en traitant avec l'auguste
père de V. M.

» La junte croit devoir soumettre à V. M.
les réflexions que contient cet écrit, et appelle
principalement son attention sur ce qui concerne le système fédératif du midi ».

SIRE,

FRANCISCO GIL., GONZALO O-FARRILL,
SEBASTIAN PINUELA, MIGUEL JO-
SEPH DE AZANZA.

Madrid, 17 avril 1808.

———

Nous croyons ajouter à l'intérêt de cet ouvrage, en donnant, à la suite des pièces authentiques qui précèdent, des détails non moins certains sur les personnes qui coopérèrent à la
constitution donnée à l'Espagne, le 7 janvier
1808, par Napoléon.

Les notables espagnols, appelés en France,
formèrent deux commissions préparatoires
pour les travaux relatifs à la constitution dont
il s'agit.

Une de ces commissions se composait de
D. Miguel-Joseph de Azanza, et de MM. D. Pedro Cevallos, le duc del Parque, D. Vicente

Alcala Galiano, D. Antonio Ranz Romanillos et D. Cristobal de Gongora.

L'autre se composait de MM. le duc de l'Infantado, D. Joseph Colon, D. Manuel de Lardizabal, D. Sebastian de Torres et D. Raymundo Etenhard.

Voici le texte de l'acceptation de la constitution, et les noms des personnes qui l'ont signée.

Nous, les individus composant la junte espagnole, convoquée dans cette ville de Bayonne par S. M. I. et R., Napoléon Ier., empereur des Français et roi d'Italie, étant réunis dans le palais dit du Vieux-Évêché, pour tenir la douzième séance de ladite junte, lecture faite de la constitution qui précède, et qui nous a été remise, séance tenante, par notre auguste monarque, Joseph Napoléon; après nous être bien pénétrés de son contenu, nous lui donnons notre assentiment et notre acceptation tous individuellement, tant en notre propre et privé nom, que comme membres de la junte, chacun conformément à la qualité qu'il y apporte, et selon l'extension de ses pouvoirs; nous obligeant à l'observer et à concourir de tous nos moyens à la faire observer et exécuter, attendu que nous sommes convaincus que sous le régime qu'elle établit, et sous le gouvernêment d'un prince aussi juste que celui que nous avons le bonheur de posséder, l'Espagne et toutes ses possessions seront aussi heureuses que nous le desirons.

En foi de quoi nous avons signé le présent acte, parce que telle est notre opinion et notre volonté.

Bayonne, 7 juillet 1808.

Miguel-Joseph de Azanza; Mariano-Luis de Urquijo; Antonio Ranz Romanillos; Joseph Colon; Manuel de Lardizabal; Sebastian de Torres; Ignacio-Martinez de Villela; Domingo Cervino; Luis Idiaquez; Andres de Herrasti; Pedro de Porras; le prince de Castelfranco; le duc del Parque; l'archevêque de Burgos; Fr. Miguel de Acevedo, vicaire-général de Saint-François; Fr. Jorge Rey, vicaire général de Saint-Augustin; Fr. Augustin Perez de Valladolid, général de Saint-Jean-de-Dieu; F. le duc de Frias; F. le duc de Hijar; F. le comte d'Orgaz; J. le marquis de Santa-Crux; V. le comte de Fernand Nunez; M. le comte de Santa-Coloma; le marquis de Castellanos; le marquis de Bendana; Miguel Escudero; Luis Gainza; Juan-Joseph-Maria de Yandiola; Joseph-Maria de Lardizabal; le marquis de Monte-Hermoso, comte de Treviana; Vicente del Castillo; Simon Perez de Cevallos; Luis Saiz; Damaso Castillo Larroy; Cristobal Cladera; Joseph Joaquin del Moral; Francisco-Antonio Zea; Joseph Ramon Mila de la Rocca; Ignacio de Texada; Nicolas de Herrera; Tomas la Pena; Ramon Maria de Adurriaga; D. Manuel de Pelayo; Manuel Maria de Upategui; Fermin Ignacio Beunza; Raymundo Etehardy Salinas; Manuel Romero; Francisco Amoros; Zenon Alonso; Luis Melendez; Francisco Angulo; Roque Novella; Eugenio de Sampelayo; Manuel Gascia de la Prada; Juan Soler; Gabriel-Benito de Orbegoso; Pedro de Isla; Francisco Antonio de Lehagüe; Pedro Cevallos; le duc de l'Infantado; Joseph Gomez Hermosilla; Vicente Alcala Galiano; Miguel Ricardo de Alava; Cristobal de Gongora; Pablo Arribas; Joseph Garriga; Mariano Agustin; l'amiral marquis de Ariza et Estapa; le comte de Castelflorido; le comte de Noblejas, maréchal de Castille; Joaquin-Xavier Uriz; Luis Marcelino Pereyra; Ignacio Muzquiz; Vicente Gonzales Arnao; Miguel-Ignacio de la Madrid; le marquis de

Espeja ; Juan-Antonio Llorente ; Julian
de Fuentes ; Matheo de Norzagaray ; Joseph Odoardo y Grandpe ; Antonio Soto ,
prémontré ; Juan Nepomuceno de Rosales ;
le marquis de Casa-Calvo ; le comte de
Torre-Muzquiz ; le marquis de las Hor-
mazas ; Fernando-Calixto Nunez ; Cle-
mente-Antonio Pisador ; D. Pedro Larriva
Torres ; Antonio Savinon ; Joseph-Maria
Tineo ; Juan Mauri.

EXAMEN IMPARTIAL

DES MÉMOIRES HISTORIQUES

SUR LA RÉVOLUTION D'ESPAGNE,

Par M. DE PRADT,

Ancien archevêque de Malines.

Paris, 1816. — 1 vol. in-8°. de 406 pages.

Nous avions d'abord eu le projet d'insérer, en forme de notes, dans l'Exposé *de D. Juan Escoiquiz*, nos observations sur le dernier ouvrage de M. de Pradt ; mais nous avons pensé bientôt qu'il serait intéressant d'en trouver séparément une analyse. Celui qui compose des mémoires historiques, ou qui, en d'autres termes, réunit des matériaux pour l'histoire, doit avoir au moins le mérite de l'exactitude relativement aux noms, aux dates (1) et aux faits ; ces qualités s'exigent

---

(1) On a vu dans quelques notes ajoutées à l'Exposé, l'indication de plusieurs erreurs de ce genre.

Exposé des Mot. 12

impérieusement surtout des auteurs contem-
porains, et qui restent sans excuse lorsqu'ils
s'annoncent comme ayant été témoins ocu-
laires des détails qu'ils rapportent. Nous exa-
minerons si M. de Pradt n'a rien à se reprocher à cet égard.

La vie politique de Mgr. l'ancien archevêque de Malines est généralement connue,
et il n'entre point dans notre idée de discuter si c'est heureusement ou malheureusement pour lui. On sait que, non content de la
réputation légitimement acquise aux négo-
ciateurs qui lui ressemblent, il a voulu cueil-
lir des palmes littéraires et trouver dans les
succès d'auteur, des compensations pour les
désagréments qu'il avait éprouvés comme diplomate.

Ses écrits se succèdent avec la même ra-
pidité qu'il mettait à exécuter les ordres
dont Napoléon le chargeait jadis; il paraît
vouloir se consoler ainsi du repos qu'on a
cru nécessaire de lui accorder après ses nombreux services dans la diplomatie et l'exercice
des devoirs pour lui si assujétissants de l'épis-
copat. Habitué à paraître au premier rang dans
tout ce qui intéresse les révolutions politiques,
à être, comme il le dit lui-même, *un des spec-*
tateurs placés au premier rang qu'il fallait

à Napoléon, il consacre encore ses veilles à donner des conseils aux rois, et à rassembler les documents qui serviront aux annales destinées à mettre, sous les yeux de la postérité, les événements les plus remarquables de notre âge.

Passons à l'examen des Mémoires historiques.

Peut-on appeler *révolution*, la suite des efforts courageux qu'a faits la nation espagnole pour conserver ses princes légitimes? n'est-ce pas ici un abus du mot? et celui d'*insurrection* ne conviendrait-il pas mieux à la guerre qu'un peuple jaloux de ses droits soutint pour s'opposer à l'établissement d'une nouvelle dynastie en Espagne?

Remarquons qu'il est un peu inconséquent d'annoncer *avoir mieux vu* et *mieux jugé* que les ministres espagnols de Ferdinand VII, notamment MM. Cevallos et Escoïquiz, et d'invoquer quelquefois leurs écrits pour preuve de ce qu'on avance.

Mais ce n'est pas le seul reproche que l'on puisse faire à M. de Pradt, et l'on remarque de nombreuses fautes même dans la préface de son livre, ainsi que dans l'avis qui précède le corps de l'ouvrage.

Nous signalerons les plus remarquables.

L'auteur parle, page 18, d'un projet d'histoire des Cortès de *Séville* et de *Cadix*.

Il y a ici erreur. Les Cortès ne se réunirent jamais à *Séville*, mais se formèrent à Cadix, plusieurs mois après que les Français se furent rendus, en 1810, maîtres de l'Andalousie.

Le maréchal Soult établit alors son quartier-général à Séville, et cela eut lieu dans le mois de février de la même année. Cependant les Cortès n'ont été installés à Cadix que dans le mois de septembre suivant. C'est là qu'ils rédigèrent la nouvelle constitution publiée en 1811, et créèrent un pouvoir exécutif sous le nom de régence.

M. de Pradt ajoute encore à cette méprise, page 22, en établissant que la junte centrale a gouverné l'Espagne avant que les Cortès parvinssent à se réunir à Cadix.

Il erre tout-à-fait sur la manière dont la junte centrale transmit ses pouvoirs à la régence. Voici le fait : A la fin de janvier 1810, les Français pénétrèrent dans l'Andalousie ; à leur approche une insurrection éclata à Séville. La junte centrale se dispersa, et dans le moment de la séparation, créa un conseil de

régence dont les membres devaient se réunir
à Cadix.

M. de Pradt qui doit tant de reconnaissance à D. Juan Escoiquiz pour les emprunts
qu'il lui a faits, suit constamment, à son
égard, cette maxime : *il faut tuer ceux qu'on
vole* ; il l'attaque à chaque instant ; et, à la
page 22, il omet de dire que le duc de l'Infantado n'eut pas moins de part que lui au
voyage de Ferdinand à Bayonne. Ce dernier
redoutait encore plus que D. Juan Escoiquiz,
le ressentiment de Charles IV, si Napoléon
le replaçait sur le trône.

C'est une erreur de dire, page 23, que
Joseph Buonaparte convoqua les Cortès. La
constitution, délibérée et proclamée en juin
1808, à Bayonne, par l'assemblée des notables espagnols, établit la représentation nationale sous le nom de Cortès. En compa-
rant la constitution de Bayonne à celle de Cadix, on ne pourra s'empêcher de reconnaître
que la première est beaucoup plus que la seconde, conforme à l'esprit des anciennes ins-
titutions de la monarchie espagnole. La guerre
de l'insurrection, la déconsidération que les
généraux français jetaient presque continuel-
lement sur le gouvernement espagnol de Joseph ; la fausse politique et les secrètes en-

traves que Buonaparte mit à l'affermisse-
ment du trône de son frère, ne permirent
jamais à celui-ci de réaliser la convocation
des Cortès, quoiqu'il s'en fût occupé comme
d'un moyen puissant de se soutenir.

A la page 4 de ses Mémoires, M. de Pradt
transporte rapidement et sans résistance, en
1795, les Français des bords de l'Ebre aux
portes de Madrid.

Il est de fait qu'ils franchirent l'Ebre dans
le mois de juin 1795, mais ils s'arrêtèrent très-
prudemment sur ses bords. La garnison de
Pampelune, et un corps de vingt mille Espagnols retranchés sous le canon de la place, et
à sept lieues des frontières de France, ne permirent pas aux troupes républicaines de s'éten-
dre sans danger vers le pays plat de la Vieille-
Castille. Tandis que les Français, qui occupaient les provinces *Vascongades* (Biscayen-
nes), marchaient sur l'Ebre, l'armée espagnole
de Catalogne, sous les ordres des généraux
Urrutia et *O-Farrill*, les battit en Roussillon, et s'approcha de Perpignan. Son plan
était de pénétrer dans le Languedoc et de
protéger une insurrection de royalistes qui devait y éclater alors.

Le traité de Bâle, signé précipitamment par

D. Domingo Yriarte, et le ministre Barthélemy, termina cette guerre dont la fin valut à D. Manuel Godoy, qui avait dirigé les négociations, le titre de prince de la Paix.

On ne conçoit pas comment M. de Pradt, qui dit être au fait des choses les plus secrètes sur l'Espagne, qui publie des lettres qu'il prétend avoir traduites sur les pièces autographes, a pu commettre une erreur aussi grossière que celle qu'on remarque dans la note de la page 8 de son ouvrage. » On lui avait accordé, dit-il, (au prince de la Paix), des » honneurs bizarres et inusités, tels que de » faire porter des drapeaux flottants aux por- » tières de sa voiture. »

Le fait est qu'on avait permis au prince de la Paix de faire peindre des drapeaux flottants dans les armoiries dont les panneaux de ses voitures étaient ornés.

Il est étonnant que l'auteur ait désigné l'épouse de D. Manuel Godoy, à la page 20, sous les noms de Marie-Thérèse, et qu'à la page 32, il lui donne ceux de Louise de Bourbon. Il aurait pu, et peut-être il aurait dû, remplacer quelques unes de ses notes oiseuses par des détails curieux sur le mariage du prince de la Paix.

On soupçonnait D. Manuel Godoy d'avoir

épousé secrètement sa maîtresse dona Tudo, fille
d'un ancien militaire, et qui a obtenu, dans les
derniers temps, le titre de comtesse de Castillo-
fiel (château fidèle), mots que M. de Pradt a tra-
duits par ceux-ci : Castille fiel. La reine, pour
s'assurer si le prince de la Paix était marié ou
ne l'était pas, lui proposa de l'unir à la fille de
feu l'infant don Louis de Bourbon, élevée, ainsi
que sa sœur, dans un couvent de religieuses à
Saragosse, ville où toutes deux recevaient,
de même que leur frère, maintenant le cardinal de Bourbon, leur éducation aux frais de
l'archevêque de Tolède, Lorenzana.

La veuve de D. Louis jouissait d'une pension
modique depuis que Charles III avait disgracié l'infant, à cause du mariage inégal qu'il
avait contracté. Le comté de Chinchon avait
été réuni aux domaines de la couronne après
la mort de ce dernier. D. Manuel Godoy consentit à l'union proposée, à condition que la
princesse fille de *dona Vallabriga*, prendrait le nom de Bourbon, et recevrait le riche
comté de Chinchon. Il donnait ainsi un nouvel éclat et beaucoup de solidité à sa fortune.

Parmi les nombreuses pièces justificatives
imprimées à la suite de l'ouvrage de M. de
Pradt, nous en cherchons en vain une qui
prouve, comme il le pense, que Napoléon ait

ordonné à Yzquierdo de se rendre de Paris à Madrid. Ce dernier, fort adroit, pénétra les projets de Buonaparte, obtint, sous un prétexte spécieux, l'autorisation de quitter momentanément la France, et se rendit en toute hâte à Madrid, auprès du prince de la Paix, pour lui communiquer ses découvertes. Introduit, à son arrivée, auprès du roi et de la reine, il ouvrit l'avis de transférer la cour à Séville, et au besoin, dans la nouvelle Espagne, et repartit aussitôt pour Paris.

Dès cet instant on pressa les préparatifs du voyage des princes ; mais Ferdinand et ses nombreux partisans y mirent des obstacles que la révolte d'Aranjuez couronna. Le 17 mars 1808, le roi manda, à onze heures du soir, le prince des Asturies ; il lui déclara devant la reine son projet de se rendre à Séville, pour éviter de tomber dans les piéges de Napoléon (l'avantgarde de l'armée de Murat se trouvait déjà à dix lieues de Madrid). Le prince, étonné de cette résolution, dit en sortant, aux officiers des gardes du corps et aux gentilshommes de service : *nous sommes perdus; mon père trompé par Godoy, veut nous faire quitter l'Espagne, et nous emmener en Amérique.* Ces mots volent de bouche en bouche, augmentés et commentés par la crainte et l'étonnement; ils se ré-

pètent ainsi parmi le peuple et dans les casernes des gardes-du-corps. A une heure après
minuit les voitures de la cour étaient prêtes et
placées à quelque distance du palais ; des gardes apostés arrêtent les domestiques du roi
et de la reine qui y portent les effets les plus
précieux ; ils osent même bientôt barrer le
passage à leurs souverains, qui se trouvent
renfermés dans leur propre palais. Cet événement empêcha l'exécution du plan formé
par Yzquierdo, hâta l'entrée de Murat à Madrid, et prépara les scènes de Bayonne.

Le procès de l'Escurial est trop intéressant
pour qu'on puisse excuser M. de Pradt d'avoir
omis le troisième chef d'accusation porté contre Ferdinand. Ceux qui connaissent l'auteur
jugeront si cela est dû plutôt à son ignorance
qu'à quelqu'intérêt particulier et secret, ou
bien au système de défaveur qu'il établit contre
la reine d'Espagne, et quelquefois même contre
Charles IV.

Le procès de l'Escurial eut lieu sur trois chefs
d'accusation : 1°. la copie de la lettre écrite par
le prince des Asturies à Napoléon, pièce de
la main du prince ; 2°. *la pétition* ou *remon-
trance* du prince au roi son père, sur les désordres de son gouvernement; 3°. la nomination
faite, par Ferdinand, du duc de l'Infantado,

comme capitaine général de la Nouvelle-Cas-
tille (Madrid chef-lieu). Le brevet était en
blanc, et le cachet ou sceau de l'état *en cire
noire.*

Le prince, interrogé sur le dernier chef
d'accusation, répondit : qu'ayant soupçonné
que Godoy pourrait s'emparer du gouvernement, si, par malheur, le roi son père venait
à mourir, on lui conseilla de prendre d'avance
cette mesure, en confiant au duc de l'Infantado les pouvoirs nécessaires pour diriger
au besoin la force armée, dans le cas où il faudrait soutenir l'héritier de la couronne.

Le procureur général du roi au conseil de
Castille, demanda qu'on prononçât la peine
de mort contre D. Juan Escoiquiz et contre
le duc de l'Infantado; mais l'effervescence du
peuple, les démarches de M. de Beauharnais, ambassadeur de France, l'arrivée à Madrid d'un chambellan, envoyé *ad hoc* par Napoléon, terminèrent cette affaire d'une manière moins sévère.

Ce n'est pas seulement comme diplomate,
que M. de Pradt veut se distinguer, il annonce aussi des prétentions à décider des ques-
tions de tactique. On jugera jusqu'à quel point
son expérience et ses campagnes ont pu l'instruire à cet égard.

Il dit, page 169 : « Le soldat de l'Orient, de
» l'Afrique et de *l'Espagne*, s'est, de tout temps,
» affranchi de la régularité ; pour lui il n'y a pas
» de ligne : voltiger, c'est combattre, etc. »

L'auteur ne se laisse-t-il pas beaucoup trop
entraîner par une imagination ardente et ir-
réfléchie ? La discipline et la fermeté de
l'infanterie espagnole ont été constamment
reconnues en Europe, depuis les campagnes
d'Italie, de Gonzalve de Cordoue surnommé
le grand capitaine, jusqu'à la bataille de Ro-
croy.

M. de Pradt aurait pu s'en convaincre seulement en parcourant les écrits de nos historiens,
et même en lisant seulement, soit l'introduction
à l'Histoire philosophique de l'abbé Raynal, soit
celle de la Vie de Charles-Quint, par le célèbre Anglais Robertson ; mais, pour M. de Pradt,
rapporter des conversations de salon, c'est
écrire l'histoire ; rechercher des oppositions
plus bizarres que piquantes, c'est prouver un
mérite plus réel que celui de l'historien qui
rapporte des faits avec exactitude, et n'en
tire d'autres conséquences que celles qu'indique la sagesse.

M. de Pradt parle, à la page 188, de Don
Solano, et du marquis del Socorro, comme si
c'étaient deux personnes. D. Francisco Solano,
marquis del Socorro, sont les nom, prénoms,

titres et qualités du capitaine général de l'Andalousie, gouverneur de Cadix, qui fut assas-
siné par la populace de cette ville.

L'auteur annonce, page 190, que le général
Cuesta déboucha de la Galice ; c'est une
erreur ; ce fut le général Blake qui sortit
de cette province. Il remplaça le général
(frère du fameux écrivain napolitain de ce
nom) qui fut tué par son armée sur les frontières de Galice. Blake se réunit à Cuesta, com-
mandant les troupes et les rassemblements de
la Vieille-Castille ; mais il avait des ordres secrets de la junte de Galice de ne pas rester
dans une entière dépendance de Cuesta, quoique ce dernier fût plus ancien que lui. On
peut attribuer ces ordres à la jalousie des
juntes entr'elles.

Gironne ne fut pris qu'après un siège de plusieurs mois, et long-temps après que Napoléon
eut quitté l'Espagne. Ce fait est généralement
connu, et l'on conçoit difficilement comment
M. de Pradt avance le contraire, page 201.

Nous aurions encore bien des observations
à faire concernant les Mémoires historiques sur
la Révolution d'Espagne; mais nous nous ar-
rêterons à une *opération d'équité*, c'est-à-dire
en rendant ce qui appartient à chacun des

auteurs qui ont servi à la rédaction de l'ouvrage.

Ce volume est composé de. . . . . 406 pag.

La conversation d'Escoiquiz et de Napoléon, prise
littéralement dans l'ouvrage du ministre espagnol,
ainsi que la note d'Yzquierdo au prince de la Páix,
forment. . . . . So pag.

Les traités de Fontainebleau, de Bayonne, l'instruction
de Don Pedro Cevallos, la proclamation du prince
de la Paix, les notes du comte de Romanzoff, le décret d'abdication de Charles IV, les lettres de
Charles IV, de Ferdinand, de la reine d'Espagne,
de la Romana, du cardinal de Bourbon, sont extraits :

1°. Du second volume de l'ouvrage peu connu, intitulé :
*Mémoires pour servir à l'histoire de la révolution
d'Espagne, avec des Pièces justificatives,* par *Nellerto,* anagramme du mot *Llorente,* véritable nom
de l'auteur, que M. de Pradt appelle toujours *Nellerto ;*

2°. Des pièces à l'appui qui se trouvent dans l'ouvrage
de Don Pedro Cevallos, sur les *Moyens employés
par Napoléon pour usurper la couronne d'Espagne,*
dans l'ouvrage d'Escoiquiz, dont la conversation a
été tirée du Mémoire de D. Miguel Joseph de Azanza
et de D. Gonzalo O-Farrill. Ces pièces forment. . . 91,

M. de Pradt a transcrit dans les ouvrages précédemment cités, et lorsque cela ne dérangeait pas son système, de quoi former environ. 100

Auxquelles il faut ajouter par exactitude comme ap-
partenant à M. de Rocca. 5

274 pag.

Total, *deux cent soixante-quatorze pages, qui, soustraites de
quatre cent six,* ne laissent en propriété à M. de Pradt que
cent trente-deux pages de matériaux historiques, dont on
doit encore retrancher la préface et l'avis qui la suit. . . . . . 132 pag.

La rigueur avec laquelle la direction générale de l'imprimerie et de la librairie percevait autrefois un droit sur les compilations, aurait empêché peut-être M. de Pradt de publier sa *Macédoine historique* sur la *révolution d'Espagne* : ainsi *à quelque chose le malheur était bon.* Disons de plus que l'éditeur Rosa peut se rassurer sur les contrefaçons d'un volume que des juges sévères pourraient regarder comme étant lui-même une contrefaçon des Mémoires de M. Llorente.

Il est possible que, dans une seconde édition de son ouvrage, M. de Pradt profite de quelques-unes de nos observations, et soit tenté de nous citer ; il pourra alors ajouter à *Nellerto*, Yo EL CABEZUDO PEPE BUNADRU.

FIN.

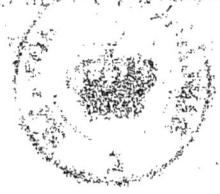